Samenkorn

Lothar Gassmann

Die Hure Babylon

und die Schalen des Zorns

Bibel aktuell

Reihe Offenbarung Band 5

Samenkorn

Hinweis:

Die Auslegung der Offenbarung wurde vom Verfasser zunächst frei nach Stichworten im Verlauf mehrerer Bibelwochen vorgetragen, sodann von verschiedenen Geschwistern vom Band getippt und abschließend vom Verfasser bearbeitet und korrigiert. Der Redestil wurde beibehalten.

1. Auflage 2010

Christlicher Schriften- und Liederverlag
Liebigstr. 8, 33803 Steinhagen, Germany

Umschlag Foto:	Lothar Gassmann (Brunnen in Zwickau)
Umschlag Gestaltung:	Werner Fürstberger
Zeichnungen:	Irina Schulz
Satz:	Samenkorn e.V.
Druck und Bindung:	C.H.Beck, Nördlingen

ISBN: 978-3-936894-83-7

Inhalt

Die dreifache Engelsbotschaft
Offenbarung 14,1–13

Und ich sah, und siehe, das Lamm stand auf dem Berg Zion und mit Ihm 144.000, die trugen den Namen Seines Vaters auf ihren Stirnen geschrieben. Und ich hörte eine Stimme aus dem Himmel wie die Stimme vieler Wasser und wie die Stimme eines starken Donners, und ich hörte die Stimme von Harfenspielern, die auf ihren Harfen spielten. Und sie sangen ein neues Lied vor dem Thron und vor den vier lebendigen Wesen und den Ältesten; und niemand konnte das Lied lernen als nur die 144.000, die erkauft worden sind von der Erde. Diese sind es, die sich mit Frauen nicht befleckt haben, denn sie sind jungfräulich; diese sind es, die dem Lamm nachfolgen, wohin Es auch geht. Diese sind aus den Menschen erkauft worden als Erstlinge für Gott und das Lamm.

Und in ihrem Mund ist kein Betrug gefunden worden; denn sie sind unsträflich vor dem Thron Gottes. Und ich sah einen anderen Engel inmitten des Himmels fliegen, der hatte ein ewiges Evangelium zu verkündigen denen, die auf der Erde wohnen, und zwar jeder Nation und jedem Volksstamm und jeder Sprache und jedem Volk. Der sprach mit lauter Stimme: „Fürchtet Gott und gebt Ihm die Ehre! Denn die Stunde Seines Gerichts ist gekommen. Und betet Den an, der den Himmel und die Erde und das Meer und die Wasserquellen gemacht hat!“

Und ein anderer Engel folgte ihm. Der sprach: „Gefallen, gefallen ist Babylon, die große Stadt, weil sie mit dem Glutwein ihrer Unzucht alle Völker getränkt hat!" Und ein dritter Engel folgte ihnen, der sprach mit lauter Stimme: „Wenn jemand das Tier und sein Bild anbetet und das Malzeichen auf seine Stirn oder auf seine Hand annimmt, so wird auch er von dem Glutwein Gottes trinken, der unvermischt eingeschenkt ist in dem Kelch Seines Zornes; und er wird mit Feuer und Schwefel gepeinigt werden vor den heiligen Engeln und vor dem Lamm. Und der Rauch ihrer Qual steigt auf von Ewigkeit zu Ewigkeit; und die das Tier und sein Bild anbeten, haben keine Ruhe Tag und Nacht, und wer das Malzeichen seines Namens annimmt. Hier ist die Standhaftigkeit der Heiligen. Hier sind die, welche die Gebote Gottes und den Glauben an Jesus bewahren.

Und ich hörte eine Stimme aus dem Himmel, die zu mir sprach: „Schreibe: Glückselig sind die Toten, die im HERRN sterben von nun an! Ja, spricht der Geist, sie sollen ruhen von ihren Mühen, ihre Werke aber folgen ihnen nach."

Der Sieg überstrahlt das Dunkel

Wir stehen mit großer Ehrfurcht vor diesen Worten des lebendigen Gottes und können nur anbetend niederfallen, wenn wir sehen, was hier beschrieben ist. Es ist der letzte Warnruf an die gottlose, dem Antichristen verfallene Menschheit. Gleichzeitig zeigt sich hier aber schon vorausgebildet der Siegesruf der Erlösten, der über alles hindurchleuchtet, der alles überstrahlt und der immer wieder in der Offenbarung eingeblendet wird als Trost, gerade nach dem dunkelsten Kapitel Offenbarung 13, in welchem es um den Antichristen und seinen falschen Propheten gegangen war. Und jetzt erschallt der Siegesruf der Überwinder!

Die Offenbarung ist nicht streng chronologisch aufgebaut. Es finden sich immer wieder Blöcke, die zusammenhängen. Bei Kapitel 12 erfolgte zum Beispiel ein neuer Einsatz: Die Sonnenfrau trat auf; die Geburt Jesu, die Verfolgung Jesu und Seiner

Gemeinde wurde beschrieben - und dann der Kampf Michaels mit dem Drachen. Und jetzt, nachdem sich die Entwicklung bis zum Antichristen und seinem falschen Propheten zugespitzt hat, wird bereits das Siegeslied der Erlösten eingeblendet, obwohl anschließend noch die Schilderung der Zornschalengerichte begegnet sowie die Beschreibung der Hure Babylon. Offenbarung 14,1ff. stellt also keine chronologische Stufe dar, sondern beschreibt bereits den Vorausblick auf die Vollendung der Erlösten (und zwar aus der Einheit von Juden- und Heidenchristen bestehend; Eph. 2), die dieses Siegeslied im himmlischen Zion singen.

Das himmlische Zion

Offenbarung 14,1: **Und ich sah und siehe, das Lamm** (Jesus Christus, Gottes Sohn, unser Erlöser) **stand auf dem Berg Zion, und mit Ihm 144.000, die trugen den Namen Seines Vaters auf den Stirnen geschrieben.**

„Ich sah" - Dies kennzeichnet eine Schau, die Johannes direkt aus der Himmelswelt durch den Engel auf der Insel Patmos bekommen hat.

Die Ausleger haben sich den Kopf darüber zerbrochen, was mit dem **„Berg Zion"** an dieser Stelle gemeint ist. Im Alten Bund ist natürlich der Berg in Jerusalem gemeint, der Tempelberg, der heilige Berg. Es gibt aber auch das himmlische Zion. Ich denke, dass es sich in dieser prophetischen Vorausschau bereits um das himmlische Zion handeln dürfte. Obwohl die Gerichte Gottes noch über die Erde ergehen, erfolgt hier eine ermutigende und tröstende Vorausschau auf den Zustand der Erlösten. Ich ordne die Entrückung beim Ton der letzten Posaune ein, weil dies eindeutig im 1. Korinther 15,50-54 so gesagt wird. Nimmt man diese Aussage wörtlich, dann kann die letzte Posaune nur die siebte Posaune sein, die in unmittelbarem Zusammenhang mit der Entrückung der zwei Zeugen geblasen wird (siehe meine Auslegung von Offenbarung 11). Somit wird die Gemeinde des HERRN bei der siebten, der letzten Posaune hinweggenommen. So ist also die siebte Posaune diejenige, aus der sich die sieben

Zornschalengerichte entfalten, was auch anschließend an Kapitel 14 und 15 ab Kapitel 16 beschrieben wird. Und doch erschallt schon hier das Siegeslied der Erlösten, die an dieser Stelle wohl schon entrückt sind. Und es wird dennoch denen Trost zugesprochen, die sich noch auf der Erde befinden und sich bekehren werden.

Die Einheit der Gemeinde in Christus

So steht also hier das Lamm, unser HERR Jesus, auf dem Berg Zion. Dies wird insbesondere durch nachfolgende Stelle im Hebräerbrief bestätigt:

Hebräer 12,18ff.: **Denn ihr seid nicht zu dem Berg** (Berg Sinai) **gekommen, den man anrühren konnte, und zu dem glühenden Feuer noch zu dem Dunkel der Finsternis und dem Gewittersturm noch zu dem Klang der Posaune im Donnerschall der Worte, bei dem die Zuhörer baten, dass das Wort nicht weiter zu ihnen geredet werde ... Sondern ihr seid gekommen zu dem Berg Zion und zu der Stadt des lebendigen Gottes, dem himmlischen Jerusalem** (Das ist die Erklärung für dieses himmlische Zion) **und zu Zehntausenden von Engeln, zu der Festversammlung und zu der Gemeinde der Erstgebo-**

renen (diese Erstlinge werden gleich noch eine Rolle spielen), **die im Himmel angeschrieben sind, und zu Gott, dem Richter über alle, und zu den Geistern der vollendeten Gerechten und zu Jesus, dem Mittler des Neuen Bundes, und zu dem Blut der Besprengung, das Besseres redet als das Blut Abels.**

Hier ist ausdrücklich das himmlische Jerusalem gemeint. Dies wird auch so erklärt. Und dabei handelt es sich um die Vollendung, zu der die Gemeinde zusammen mit den Erlösten aus Israel versammelt wird. Der Alte und der Neue Bund klingen hier in Hebräer Kapitel 12 an: die **Gemeinde der Erstgeborenen** aus dem Neuen Bund - und ebenso die **Geister der vollendeten Gerechten** des Alten Bundes. Sie werden gemäß Epheser Kapitel 2 zusammen sein. In Jesus Christus ist der Zaun niedergebrochen, der die Juden und Heiden (Nichtjuden) getrennt hat. In Jesus Christus sind sie vereinigt. Alle, die an den Messias Jesus glauben, dürfen jetzt aus alttestamentlicher Israelgemeinde und neutestamentlicher Christusgemeinde eine Einheit bilden. Denn Christus ist der Messias Israels. So ist der Zaun der Feindschaft niedergebrochen. Sie sind nun alle hier zum himmlischen Zion gelangt.

Die 144.000 Versiegelten

„Und ich sah, und siehe, das Lamm stand auf dem Berg Zion und mit Ihm 144.000, die trugen den Namen Seines Vaters auf ihren Stirnen geschrieben."

Es fällt auf, dass hier der Vater besonders betont wird, - nämlich der Bundesgott Israels - aber untrennbar vom Sohn, dem Lamm. Die 144.000, wie wir es in Offenbarung Kapitel 7 erkannt haben, sind die Berufenen aus den 12 Stämmen Israels. Ausgenommen ist der Stamm Dan, aus dem vermutlich der Antichrist kommen könnte. Der Stamm Dan erhält in 1. Mose Kapitel 49 eine besonders negative Kennzeichnung. Von daher nehmen manche an, dass er deshalb bei den 144.000 fehlt. Auch im Richterbuch Kapitel 18 spielt der Stamm Dan eine schlechte Rolle, indem er Götzendienst betreibt. So ist also in Offenbarung 7 der Stamm Dan nicht aufgezählt. Aber dafür findet sich eine Verdoppelung des Stammes Josefs mit Ephraim und Manasse. Die 144.000 sind die zwölf Stämme Israels in der Vollendung, eine Vollzahl für das erlöste Israel: 12 x 12 x 1.000. Die 12, die Vollzahl Israels multipliziert mit sich selbst und dann noch einmal vertausendfacht. Hier klingt schon das Tausendjährige Reich an, in welchem die erlöste Schar aus Juden- und Heidenchristen und die Überwinder aus der antichristlichen Trübsalzeit mit dem Lamme über die Völker regieren werden (siehe die Auslegung zu Offenbarung Kapitel 20).

„Diese trugen den Namen Seines Vaters auf ihren Stirnen geschrieben", das heißt, sie sind versiegelt, wie es in Offenbarung Kapitel 7 beschrieben wird. Sie sind mit dem Malzeichen Jesu Christi versiegelt und nicht mit dem Malzeichen des Tieres. Es ist streng zu unterscheiden zwischen dem rettenden Siegel Gottes und dem verdammenden Siegel (oder Malzeichen) des Tieres. Entweder tragen wir das Siegel unseres HERRN Jesus Christus, das gute Zeichen der Erlösung durch Sein Blut am Kreuz auf Golgatha, oder wir gehören zu den anderen, die das Malzeichen des Tieres annehmen und sich verführen lassen.

Zion ist jedenfalls der Bergungsort. Und ich denke, dass er hier im himmlischen Jerusalem bereits in Vorausschau vor den Zornschalengerichten als vollendet geschaut wird.

Ein neues Lied vor Gottes Thron

Vers 2 bestätigt diese Sichtweise: Offenbarung 14,2: **Und ich hörte eine Stimme aus dem Himmel wie die Stimme vieler Wasser und wie die Stimme eines starken Donners, und ich hörte die Stimme von Harfenspielern, die auf ihren Harfen spielten.**

Das ist die Stimme der himmlischen Welt, die vom Thron Gottes ausgeht: die Engelheere, die Gott rühmen. Die vollendete Gemeinde des Neuen Bundes befindet sich ebenfalls bereits dort, denn sie wird im nächsten Satz beschrieben: **„Ich hörte die Stimme von Harfenspielern, die auf ihren Harfen spielten."**

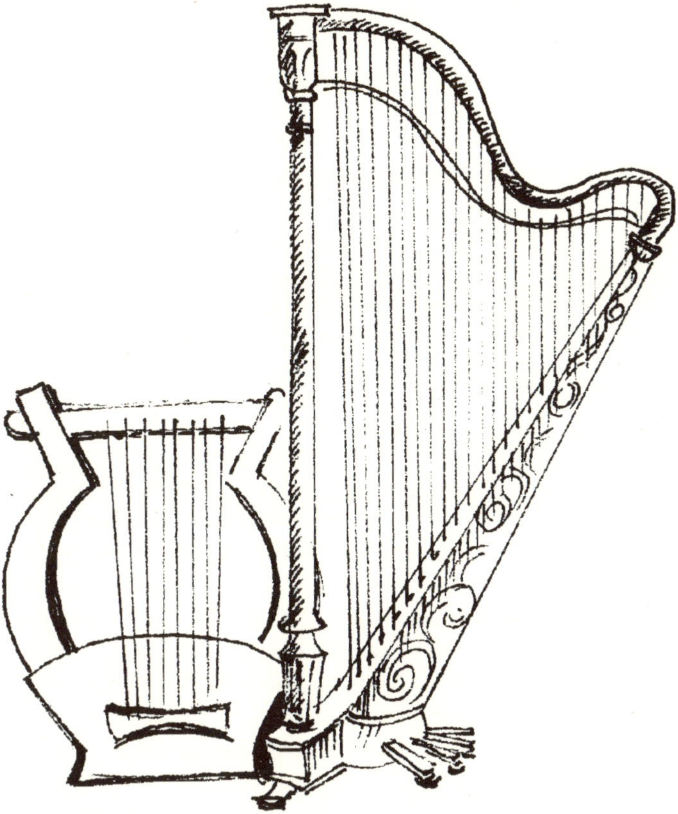

Offenbarung 14,3: **Und sie sangen ein neues Lied vor dem Thron Gottes und vor den vier lebendigen Wesen und den Ältesten; und niemand konnte das Lied lernen als nur die 144.000, die erkauft worden sind von der Erde".** Die vier lebendigen Wesen sind die Cherubim, die Gott am nächsten sind. Es handelt sich um ganz besondere Engelwesen, die bei Hesekiel und anderen Propheten ausführlich beschrieben werden.

„Und den Ältesten“ - Dies sind die 24 Ältesten, 12 Vertreter der 12 Stämme Israels und die 12 Apostel des Neuen Bundes als Vertreter der Gemeinde (wobei in Letzteren die Gemeinde, so meine ich, noch nicht enthalten ist). Diese Ältesten sind bereits in Offenbarung Kapitel 4 als Vertreter der Gemeinde aufgetreten. Ich denke, dass die Gemeinde noch durch gewisse Stadien der Drangsal hindurchgehen muss, aber nicht durch alles, sondern sie wird zur Zeit der letzten Posaune entrückt und nicht vor den Posaunen (siehe oben und die Auslegung zu Offenbarung 11).

„Und niemand konnte das Lied lernen als nur die 144.000, die erkauft worden sind von der Erde“ - Diese sind durch das Blut Jesu Christi erkauft, welches im Alten Bund durch Tieropfer vorausgeschattet worden war. Wir wissen ja, dass durch das Blut von Stieren und Böcken niemand erlöst werden kann (Hebräer 9,12; 10,4). Dieses bildete nur die Vorausschattung auf Christus. Die 144.000 sind Erlöste aus Israel, und zwar aus dem Neuen Bund, die als Vertreter Israels denen vorausgegangen sind, die dann noch vom alten Israel erscheinen werden. Die 144.000 sind natürlich gläubige Israeliten. Sie stehen für Israel insgesamt und sind die Erstlingsgabe Israels, welche die anderen nach sich zieht, wenn die vollendeten Gerechten mit der Gemeinde vereinigt werden. Entscheidend für das richtige Verständnis - ich betone es immer wieder - ist hier Epheser 2, wo beschrieben wird, dass der Zaun zwischen Juden und Heiden abgebrochen ist in Jesus Christus. Allerdings glaube ich nicht, dass es einen Sonderweg zur Erlösung für Juden gibt, die nicht an Jesus glauben. Es ist in Gottes Wort ganz klar, dass in keinem anderen Heil zu erlangen ist außer in Jesus Christus (Apostelgeschichte 4, 12). Dies haben die ersten Jünger in Jerusalem bezeugt und wurden dafür eingesperrt und vor den Hohen Rat gestellt. Dort haben sie gesagt, dass sie Gott mehr gehorchen müssen als den Menschen (Apostelgeschichte 5).

Unbefleckt von Vermischung und Götzendienst

Nun werden diese 144.000 näher beschrieben. Es werden gewisse Kennzeichen genannt. Da mag manches zunächst missverständlich sein. Deshalb versuche ich, es mit des HERRN Hilfe zu erklären.

Offenbarung 14,4: **Diese sind es, die sich mit Frauen nicht befleckt haben, denn sie sind jungfräulich; diese sind es, die dem Lamm nachfolgen, wohin Es auch geht. Diese sind aus den Menschen erkauft worden als Erstlinge für Gott und das Lamm.**

Was bedeutet hier „jungfräulich" (im Griechischen parthenos). Zunächst müssen wir feststellen, dass es sich nicht auf das Freibleiben von der Ehe beziehen kann, denn die Ehe zwischen einem Mann und einer Frau wird in der Bibel als rein betrachtet. Die Ehe an sich hat also nichts mit Verunreinigung zu tun. Deshalb denke ich, dass der Begriff „jungfräulich" hier im übertragenen Sinn gemeint sein muss. Denn es heißt zum Beispiel über die Ehe in Epheser 5, dass sie so hoch zu schätzen ist, dass sogar die Beziehung zwischen Christus und der Gemeinde mit der Liebe zwischen Mann und Frau verglichen wird. In Hebräer 13,4 lesen wir: **Die Ehe soll von allen in Ehren gehalten werden und das Ehebett unbefleckt (rein). Die Unzüchtigen und Ehebrecher aber wird Gott richten.**

Das heißt also, dass die Ehe an sich, wenn sie nicht durch Sünde befleckt wird, unbefleckt und rein ist. Im Mittelalter hat die katholische Kirche aus dieser Stelle ihren Zölibat (erzwungene Ehelosigkeit der Priester) abgeleitet. „Die Heiligen haben keine Ehe geschlossen; deshalb müssen unsere Priester auch ehelos bleiben" - so wird argumentiert. Aber diese Lehre ist mit der Bibel nicht in Einklang zu bringen. Denn es ist biblisch, dass die Ehe von sich aus rein ist, wenn sie gemäß den Geboten Gottes geführt wird, also wenn kein Ehebruch und keine Unzucht geschieht, wie z. B. ehebrecherische Beziehungen außerhalb der Ehe u.ä. Deshalb denke ich, dass sich „jungfräulich" darauf bezieht, dass sich die 144.000 nicht auf ehebrecherische, unzüchtige Verhältnisse eingelassen haben und auch im übertragenen Sinne keinen Götzendienst betrieben haben. Denn Hurerei ist zugleich in der Bibel immer auch ein Bild für Götzendienst. Dies ist im alten Israel und auch im Neuen Bund so zu sehen. Immer wieder wurde das Erste Gebot übertreten, welches heißt: **„Ich bin der HERR, dein Gott ... Du sollst keine anderen Götter neben Mir haben"** (2. Mose 20,2f.). Viele haben fremde Gottheiten angebetet, sich Bildnisse gemacht und auch noch andere frevlerische Dinge getan. Diese Vermischung, die auch mit der Hure Babylon sehr eng zusammenhängt, haben diejenigen, die den HERRN schauen, die in Seine himmlische Herrlichkeit eingehen dürfen, abgelehnt. „Jungfräulich" ist also im Sinne von rein und unbefleckt zu verstehen.

Der schmale Weg dem Lamme nach

Weiter heißt es: **„Diese sind es, die dem Lamm nachfolgen, wohin es auch geht"**, auch ins Leiden. Der HERR Jesus hat gesagt: **„Haben sie Mich verfolgt, so werden sie auch euch verfolgen"** (Johannes 15,20). Auch wenn es durch schwere Wege geht: Sie sind dem Lamm nachgefolgt - sogar bis zum Martyrium, wenn es so hat kommen sollen. Es handelt sich also um konsequente Jesusjünger. Mit „jungfräulich" können beide Geschlechter im Sinne von „unbefleckt" gemeint sein, also Frauen und Männer, die dem Lamm Jesus Christus nachgefolgt sind, die sich nicht zur Rechten und nicht zur Linken vom schmalen Weg haben abbringen lassen (Matthäus 7). „Der schmale Weg dem Lamme nach", sollte unser Lebensmotto heißen. Wir dürfen uns nicht auf dem breiten Weg des Verderbens, der Vermischung durch die babylonische Religionsökumene (siehe unten) verführen lassen. Nein, es gilt, dem Lamme nachzufolgen, wohin Es auch geht. Die Überwinder sind leidensbereit auf dem schmalen Weg mit dem HERRN.

Erstlinge für Gott und das Lamm

Ein weiteres Kennzeichen lautet: **„Diese sind aus den Menschen erkauft worden als Erstlinge für Gott und das Lamm."**

Die Erstlinge kommen auch in 3. Mose 23,9-11 vor. Dort handelt es sich um das Fest der Erstlinge Dem HERRN wurden die Erstlinge der Ernte dargebracht.

3. Mose 23,9-11: **Und der HERR redete zu Mose und sprach: „Rede zu den Kindern Israels und sage ihnen: Wenn ihr in das Land kommt, das Ich euch geben werde, und seine Ernte einbringt, so sollt ihr die Erstlingsgarbe von eurer Ernte zum Priester bringen. Der soll die Garbe weben vor dem HERRN zum Wohlgefallen für euch; am Tag nach dem Sabbat soll sie der Priester weben.**

Die Erstlingsgarben waren deshalb so wichtig, weil sie bereits die ganze Ernte symbolisierten. Denn es heißt ja: Wer die Erstlinge brachte, der bringt alles. Wer sein Erstes dem HERRN bringt, ist auch bereit, Ihm alles zu bringen. So wie in Israel der erste Sohn der Familie dem HERRN gegeben wurde. Er musste ausgelöst werden - im Rückblick auf die letzte Plage in Ägypten, durch welche die Erstlinge aus den Ägyptern, die sich nicht dem HERRN unterworfen hatten, sterben mussten. Die Erstlinge mussten in Israel immer ausgelöst werden. Darüber gibt es verschiedene Gebote. Aber hier handelt es sich um die Erstlinge der himmlischen Herrlichkeit, der Vollendung: die Erlösten aus Israel und auch aus der Gemeinde. Sie sind aus den Menschen für Gott erkauft und für das Lamm. Übrigens finden wir das Lamm immer an der Seite des Vaters. Der Sohn ist genauso Gott wie der Vater, der Ihn gezeugt hat. Er ist der Sohn Gottes, göttlichen Wesens, wie auch Sein Vater. Er wird genauso mit dem Vater angebetet.

Ein Leben in Wahrheit und Gehorsam

Ein weiteres Kennzeichen der Überwinder finden wir in Vers 5. Offenbarung 14,5: **Und in ihrem Mund ist kein Betrug** (keine Lüge) **gefunden worden; denn sie sind unsträflich vor dem Thron Gottes.**

Satan ist ja bekanntlich ein Lügner von Anfang an und der Vater der Lüge. Aber die Überwinder haben all diese Lügerei vermieden, haben die Wahrheit gesagt, sind Dem kompromisslos nachgefolgt, der selbst in Seiner Person die Wahrheit ist (Johannes 14,6). Deshalb sind sie zum Himmel berufen. Jetzt könnten wir natürlich sagen: „Das haben sie sicherlich nicht aus eigener Kraft geschafft." Ja, ganz bestimmt nicht. Denn es heißt ja, dass sie erkauft sind. Erkauft sind sie allein mit dem Blute des Lammes. Und doch sind sie dem Lamm nachgefolgt und haben in Seiner Kraft ein Leben in Gehorsam geführt, sicherlich auch in aller Schwachheit. Aber dann wurden sie rein gewaschen. Sie haben einen wirklichen, standhaften Glauben gehabt. Nachher heißt es ja noch: **„die Standhaftigkeit"**, **„die Geduld der Heiligen"**, die dazu dient, um dem Lamme Jesus nachzufolgen. Sie haben sich rein waschen lassen. Sie wurden durch das Lösegeld, das unser Heiland auf Golgatha als das sündlose Opferlamm dargebracht hat, aus der Sklaverei Satans losgekauft.

Hier stellen sich uns folgende Fragen: Tragen wir schon den Namen des Vaters und des Sohnes auf unseren Stirnen? Haben wir uns durch Sein Blut versiegeln lassen? Sind wir dem HERRN Jesus treu, gehorsam und im Sinn Seiner Wahrheit unbefleckt? Nehmen wir Sein reinigendes Blut in unserem Leben in Anspruch? Prüfen wir uns selbst!

Sechs Engel und der Weltenrichter

Nun kommen wir zum nächsten großen Abschnitt: den drei Engelsbotschaften. In diesem Kapitel werden insgesamt sechs Engel beschrieben und in der Mitte der Richter selbst: Jesus, der als Richter erscheint. Man hat diese Beschreibung mit einem Flügelaltar in einer Kirche verglichen: Links drei Engel, rechts drei Engel und in der Mitte der Weltenrichter (vgl. Daniel 7): Jesus Christus, der Menschensohn.

Die ersten drei Engel sind ankündigende Engel: Sie warnen vor dem Gericht, verkünden aber gleichzeitig noch einen Bußruf zur Umkehr. Die drei Engel, die nach dem Richter auftreten, sind bereits die ausführenden Engel, die die Gerichte durchführen.

Der allerletzte Ruf zur Umkehr erklingt

Offenbarung 14,6: **Und ich sah einen anderen Engel** (in Bezug auf die Engel, die inzwischen schon aufgetreten sind. An dieser Stelle handelt es sich um einen neuen Engeleinsatz) **inmitten des Himmels fliegen, der hatte ein ewiges Evangelium zu verkündigen denen, die auf der Erde wohnen, und zwar jeder Nation und jedem Volksstamm und jeder Sprache und jedem Volk.**

Nach dem Ausblick auf die Vollendung und die Herrlichkeit kehrt die Offenbarung wieder zu den Gerichten und Gerichtsbotschaften zurück. Aber zunächst erklingt das ewige (oder ein ewiges) Evangelium. Was dieses Evangelium beinhaltet, wird nun erklärt:

Offenbarung 14,7: **Der sprach mit lauter Stimme: „Fürchtet Gott und gebt Ihm die Ehre! Denn die Stunde Seines Gerichts ist gekommen. Und betet Den an, der die Himmel und die Erde und das Meer und die Wasserquellen gemacht hat!"**

Zunächst blicken wir näher auf diesen Engel. Er fliegt inmitten des Himmels, im Zenit des Himmels, am höchsten Punkt des Himmels, da, wo es 12 Uhr mittags ist. Was könnte das bedeuten? Es ist nicht mehr fünf vor zwölf, es ist jetzt unmit-

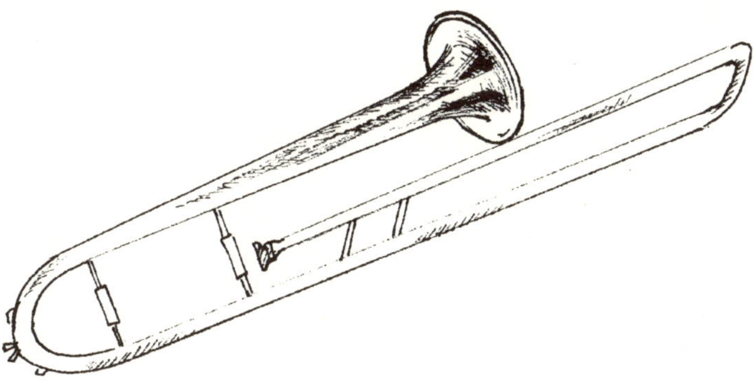

telbar 12 Uhr! Dies ist die allerletzte Chance zur Umkehr. Es bleiben also keine fünf Minuten mehr Zeit. Wenn nämlich die Zornschalen losbrechen, geht es im Staccato. Alles folgt direkt aufeinander. Die siebte Posaune entfaltet sich in einem unaufhaltsamen Rhythmus. Ich werde noch erklären, warum das so ist. Jedenfalls steht dieser Engel im Zenit, das heißt, alle, ohne Ausnahme, sehen und hören ihn. Alle Menschen werden dieses Evangelium hören können, müssen und noch als letzte Chance hören dürfen. Es ist Punkt 12 Uhr und nicht mehr fünf vor zwölf, es ist die letzte Verkündigung des ewigen Evangeliums und die letzte Warnung.

Was heißt „ewiges Evangelium"?

Was heißt nun „ewiges Evangelium" (griech. „euangelion aionion")? Es ist das Evangelium, das Gott als den Schöpfer und Vollender von Ewigkeit zu Ewigkeit verkündet:

- Er, der alles geschaffen hat,
- Er, der alles vollenden wird,
- Er, der allein anzubeten ist,
- Er, den allein alle fürchten und ehren sollten.

Er wird jetzt noch einmal der ganzen Menschheit verkündet – Er, der Allherrscher, der Pantokrator, wie es im Griechischen heißt. Deshalb wird dieses Evangelium von jeder Nation, von jedem Volksstamm, von jeder Sprache und von jedem Volk gehört. Und es wird mit lauter Stimme verkündet, nicht leise. Man soll dem Allherrscher Ehrfurcht erweisen (und nicht den beiden Tieren, die so großartig auftreten), denn Gott steht über allem. Es heißt sogar bezüglich des Tieres aus dem Meer, des Antichristen: **„Und ihm wurde Macht gegeben, die Heiligen zu überwinden"** (Offenbarung 13,7).
Gott lässt das Auftreten der antichristlichen „Tiere" als letzte Sichtung der Gemeinde und der Menschheit überhaupt zu (abgesehen von der Schlacht von Gog und Magog nach dem zukünftigen Tausendjährigen Reich; Offenbarung 20). Selbst der Antichrist, selbst der Teufel ist nur ein Affe an der Leine Gottes. Gott sitzt im Regiment und bleibt im Regiment.

Das ist gerade in der Endzeit ungeheuer tröstlich, dass der HERR den Sieg durch Seinen Sohn am Kreuz auf Golgatha errungen hat und dass Er allezeit im Regiment bleibt. Selbst in der antichristlichen Zeit bleibt Gott im Regiment. Ist uns das bewusst? Er lässt das Böse nur zur Prüfung, zur Sichtung der Gläubigen zu. Das Böse muss ausreifen, weil die Menschen es selbst so gewählt haben und seit dem Sündenfall (1. Mose 3,5) wie Gott sein wollten. Diese Ursünde potenziert sich bis hin zum Menschen der Gesetzlosigkeit (2. Thessalonicher 2), der sich selbst in den Tempel setzt und vorgibt, er sei Gott. Aber er ist es nicht. Das Böse muss ausreifen. Aber noch gibt es die Chance zur Umkehr: **„Fürchtet Gott und gebt Ihm die Ehre!"**, nämlich Ihm allein. Und warum jetzt? Die Gnadenzeit Gottes läuft aus. Jetzt ist die Zeit Seines Gerichts gekommen. Aber so gnädig ist Gott: Noch in allerletzter Sekunde erlässt Er noch einmal einen Bußruf. Und dann brechen die Gerichte los.

Weiter heißt es: **„Und betet Den an, der die Himmel und die Erde und das Meer und die Wasserquellen gemacht hat!"** In der Schöpfung kann man erkennen, dass ein Schöpfer da sein muss (vgl. Römer 1,19ff.). Auch das wird hier noch einmal verkündet, selbst denen, die den Sohn Gottes nicht als ihren Erlöser und Herrn angenommen haben. Das ist traurig genug: Trotz aller Wunder, trotz aller göttlichen Worte und Taten, die Er vollbracht hat, trotz Seiner Auferstehung sind sie blind geblieben. Aber nicht einmal den Schöpfer wollen sie anerkennen, der doch alles gemacht hat, auch den Menschen selbst, der den Schöpfer ablehnt. Wie tragisch, wie paradox!

Hören wir, hörst du und höre ich rechtzeitig auf Gottes einladende Gnadenbotschaft, bevor Sein Gericht losbricht? Diese Frage müssen wir uns stellen, bevor wir uns dem zweiten Engel zuwenden.

Gefallen ist Babylon!

Offenbarung 14,8: **Und ein anderer Engel folgte ihm. Der sprach: „Gefallen, gefallen ist Babylon, die große Stadt, weil sie mit dem Glutwein ihrer Unzucht alle Völker getränkt hat!"**

Hier sehen wir ganz klar, dass dies eine Vorausschau ist. Denn jeder Bibelkenner weiß, dass die Hure Babylon dann noch einmal ausführlich, gewissermaßen unter dem Vergrößerungsglas, in Offenbarung 17 und ihr Fall in Offenbarung Kapitel 18 beschrieben wird. Bevor diese bedrückenden Kapitel über diese Vermischerin - Babel, die Große, das Geheimnis, die Mutter aller Huren - beginnen, wird vorher schon ihr Fall verkündet. Da weiß man schon, dass der Sieg errungen ist. Wie wunderbar! Deshalb ist für mich die Offenbarung kein finsteres Buch. Es ist ein Trostbuch, es ist ein freudiges Buch, es ist von vorne bis hinten ein Siegesbuch Jesu Christi! Manche trauen sich nicht daran, weil sie sagen: „Ich habe Angst davor. Das ist so finster. Es gibt da so viele Gerichte." Im Gegenteil: Immer steht der Sieg des HERRN im Zentrum.

„Gefallen ist Babylon" - Das wird verkündet, bevor diese große Stadt überhaupt in der Offenbarung beschrieben wird: In Kapitel 14 wird ihr Fall verkündigt, in Kapitel 17 wird sie erst beschrieben. Sicherlich, wir kommen zusehends mehr in die babylonische Zeit und Vermischung der Religionen hinein, aber wir wissen bereits, dass Babylon in Gottes Augen schon längst gerichtet ist. Sie ist gefallen. Was diese große Stadt im Einzelnen bedeutet, werden wir später noch ausführlicher betrachten. Doch eine Frage an dieser Stelle schon an uns: Halten wir uns vom babylonischen Sauerteig unbiblischer Koalitionen und Vermischungen fern?

Warnung vor der Annahme des Malzeichens

Offenbarung 14,9-10: **Und ein dritter Engel folgte ihnen, der sprach mit lauter Stimme: „Wenn jemand das Tier und sein Bild anbetet und das Malzeichen auf seine Stirn oder auf seine Hand annimmt, so wird auch er von dem Glutwein Gottes trinken, der unvermischt eingeschenkt ist in dem Kelch Seines Zornes."**

Hier finden wir eine ganz konkrete Warnung. Es gibt ja viel über den Antichristen und über den falschen Propheten zu sagen, der dazu verleitet, sich dieses Malzeichen zu geben: das

Kennzeichen, dass man sich dem System der Gottesfeindschaft, der Dämonie unterwirft. Es existieren bekanntlich die unterschiedlichsten Deutungen, was dieses Malzeichen bedeuten könnte. Eindeutig ist, dass es die Zahl des Namens des Tieres ist: 666. Das Malzeichen besitzt also einen Zahlenwert. Wenn der Antichrist in persona - es existieren natürlich viele Vorläufer - auftreten wird, kann man ihn anhand des Zahlenwertes, der in diesem Malzeichen enthalten ist, identifizieren.

Nun sind natürlich die vielen Berechnungen interessant, angefangen von Nero, über verschiedene andere Diktatoren und den 666er-Begriff „Vicarius Filii Dei" („Stellvertreter des Sohnes Gottes"), den Papst. Die Buchstabenfolge www, die man für Worldwide Web (weltweites Netz) im Internet eingibt, entspricht einer dreifachen 6 (das hebräische waw besitzt den Zahlenwert 6). Es existieren die unterschiedlichsten Deutungen.

Ich persönlich denke, dass 666 zunächst einmal die Zahl des Menschen ist. Es ist der Mensch, mit der 6 dreifach in sich potenziert. Der Mensch bleibt stets hinter der 7 (der Zahl Gottes) zurück, auch wenn er die 6 zu steigern versucht. 7 ist ja die Zahl der Vollkommenheit Gottes: Sie setzt sich zusammen aus der Dreieinigkeit: Vater, Sohn und Heiliger Geist - dies ist die 3. Hinzu kommt die Totalität der 4 Himmelsrichtungen, der Hinweis, dass der dreieinige Gott alles beherrscht, das ganze Weltall. Von daher kommt die 7 zustande als 3 plus 4. Die 6 ist 7 minus 1. Der Mensch möchte sein wie Gott, kann aber nie sein wie Gott. Er erreicht nie die 7. Und die dreifach potenzierte 6 ist der dreifach gesteigerte Versuch, die göttliche Siebenheit und Vollkommenheit Gottes zu erreichen.

Ich denke ferner, dass die dreifache 6 auch ein Zahlenwert und nicht nur ein Ziffernwert ist - eine sechshundertsechsundsechzig. In Offenbarung 13 heißt es, dass ohne diese Zahl niemand kaufen und verkaufen kann. Es hat also etwas mit dem Wirtschaftssystem zu tun. Dies ist zurzeit natürlich wieder sehr aktuell. Es könnte sein, dass jetzt der starke Mann kommt, wie damals nach der Wirtschaftskrise 1929, und der Welt die Rettung verspricht: eine Art Messias. Ob dieser aus den USA kommen wird oder sonst woher, darüber mag man spekulieren. Man muss dabei natürlich vorsichtig sein. Es ist überhaupt besser, dass man mehrere Möglichkeiten prüft, als dass man blind in etwas hineinläuft. Wenn man schon Vermutungen anstellen möchte, sollte man dies in aller Keuschheit tun.

Jedenfalls sollten wir das, was sich mit dem Kaufen und Verkaufen entwickelt, aufmerksam beobachten. Dazu gehört natürlich auch der Chip. Wir wissen ja, dass die Kontrollierbarkeit von Menschen immer besser - oder anders gesagt, schlimmer - geworden ist: Man kann die Leute heute viel besser kontrollieren als noch in der Zeit des Dritten Reiches oder anderer Diktaturen, indem man ihnen einfach eine Kontrollnummer gibt. Die Finanzämter haben inzwischen auch die Identifikationsnummer verschickt, durch die sie alles viel besser kontrollieren können. Zuletzt ist der Mensch nur noch eine Nummer. Jeder, der heutzutage nicht blind durch die Zeit läuft, erkennt, dass die Entwicklung immer stärker in die allgemeine Kontrollierbarkeit mündet.

Das Malzeichen des Tieres wird aber erst auftreten, wenn es mit dem Antichristen in Verbindung steht. Wenn wir dies erkennen, sollten wir es ablehnen. Wir dürfen uns auf gar keinen Fall eine Zahl oder irgendetwas Ähnliches in die Haut eingravieren lassen:

- kein Kennzeichen
- kein Malzeichen
- keinen Chip

oder wie auch immer sich dies gestalten möge. Denn es ist eindeutig, dass es etwas mit der Stirn oder der Hand zu tun hat, dass da gemäß Offenbarung 13 irgendetwas eingefügt wird. Das sollten wir ablehnen.

Wenn wir es nicht verweigern, geschieht demjenigen, der es sich einprägen lässt, Folgendes: **„So wird auch er von dem Glutwein Gottes trinken, der unvermischt eingeschenkt ist in dem Kelch Seines Zornes“**.

Das heißt: derjenige wird nicht hinweggenommen worden sein oder hinweggenommen werden (Entrückung), sondern er wird ungekürzt und ungemildert durch die Zornschalengerichte hindurch müssen, so wie die gottlose Menschheit, die sich dem Antichristen unterwirft. Und es wird eine schreckliche Zeit sein. Wir werden noch sehen, was mit diesen Zornschalen über die Menschheit und über das Reich des Tieres ausgegossen wird. Deshalb bin ich persönlich der Überzeugung, dass die Tage um der Auserwählten willen verkürzt (aber nicht völlig weggetan) werden (vgl. Matthäus 24,22). Denn keiner würde sonst selig, wenn er diese zweite Hälfte der Trübsal miterleben müsste, so schlimm wird das sein. Und sie werden innerhalb dieser Zornschalengerichte Gott immer noch mehr lästern, anstatt Buße über ihre Sünden zu tun. Es ist eine gnädige Heimsuchung Gottes, wenn er uns - wenn wir es erleben sollten - vorher hinwegnimmt.

Ewige Qualen der Verdammten

Offenbarung 14,10: **So wird auch er von dem Glutwein Gottes trinken, der unvermischt eingeschenkt ist in dem Kelch Seines Zornes; und er** (wer das Malzeichen annimmt und das Bild des Tieres anbetet) **wird mit Feuer und Schwefel gepeinigt werden vor den heiligen Engeln und vor dem Lamm.**

Gott ist gerecht. Er richtet die Sünde, Er richtet das Böse. Manche sagen, dass sie mit dem Gott der Liebe Probleme haben, wenn sie diese Stelle lesen. Aber wir müssen es einfach so sehen: Es ist reine Gnade Gottes, dass Er uns überhaupt erlöst hat. Er hätte es nicht nötig gehabt, Seinen Sohn zu senden. Es ist Seine Barmherzigkeit. Wir können Gott nicht in unser beschränktes humanistisches Weltbild pressen und sagen: „Der muss immer lieb sein. Der darf ja keinen strafen." Wer sind wir denn, dass wir dies Gott, unserem Schöpfer, vorschreiben wollen? Wir können doch dankbar sein, dass Er eine erlöste Schar sammelt, dass Er sich nicht - wie es viele Kirchenväter behauptet haben - nur eine Masse der Verdammnis zubereitet und alle mit einem Hauch auslöscht. Das könnte Er durchaus tun; aber Er hat aus Liebe diejenigen berufen, die zum Lamme, zu Jesus Christus gekommen sind, die sich haben erlösen und durch das Blut Jesu Christi rein waschen lassen. So kann ich das persönlich fassen. Ich wünsche auch keinem, dass er gequält wird. Aber wenn die Bibel es so sagt, sollten wir es ernst nehmen.

Wir dürfen diese Stellen nicht einfach uminterpretieren und sagen: „Das ist nicht so gemeint. Die werden dann einfach ausgelöscht." „Nach dem Tod ist alles aus", das lehren ja manche Gruppierungen und Sekten. Diese Auslöschungslehre (Annihilationismus) findet sich bei verschiedenen Theologen, wie z. B. Karl Barth, Eberhard Jüngel, vor allem aber bei den Atheisten, den Adventisten und den Zeugen Jehovas, freilich mit leichten Variationen. „Bei den Ungläubigen ist nach dem Tod alles ausgelöscht. Da gibt es einfach nichts mehr", behaupten sie übereinstimmend. Dies ist jedoch genau das, was sich der Ungläubige wünscht. Ungläubige sagen: „Ich lasse mich in einer Feuerbestattung verbrennen". Als ob das in der Ewigkeit etwas ausmachen würde! Sie meinen: „Dann ist alles vorbei. Dann wird mich keiner zur Qual auferwecken." Von wegen! Wenn jemand so denkt, gelangt er vom irdischen Feuer direkt ins höllische Feuer, in die Gehenna - so sagt es die Heilige Schrift an zahlreichen Stellen (z.B. Matthäus 8,12; 13,42.50; 22,13; 24,51). Das wird ein grausames Erwachen geben! Solches wünsche ich keinem.

Wer hier das Tier und sein Bild anbetet und sein Malzeichen annimmt, der wird also ewig, unaufhörlich mit Feuer und Schwefel in der Gehenna gepeinigt werden, die auf den Hades, den Zwischenzustand folgt. Dort wird es gemäß Lukas 16 auch so sein. In Lukas 16 lesen wir von dem reichen Mann, der seinen Durst löschen will und nur möchte, dass Lazarus seinen Finger ins Wasser taucht und ihm etwas davon gibt. Aber Lazarus kann nicht über die Kluft hinüber. Und wenn am Jüngsten Tag dieser Zwischenzustand in den Endzustand, ewiger Himmel oder ewige Feuerhölle, übergeht, dann gibt es aus diesem Zustand kein Zurück mehr, auch aus dem Zwischenzustand nicht. Denn bereits im Zwischenzustand (Lukas 16) ist die Scheidung zwischen Geretteten und Verlorenen vorhanden. Vor dem großen, weißen Thron schließlich werden diejenigen, die Jesus abgelehnt und keine Reinigung durch Sein Blut, keine Sühnung der Schuld haben, in die ewige Pein gehen.

So heißt es auch hier in Offenbarung 14,11: **Und der Rauch ihrer Qual steigt auf von Ewigkeit zu Ewigkeit; und die das Tier und sein Bild anbeten, haben keine Ruhe Tag und Nacht, und wer das Malzeichen seines Namens annimmt.**

Bleibe standhaft!

Wenn das in der Bibel so formuliert ist, bedeutet es absolute Ewigkeit. Wenn etwas mehrfach in der Bibel betont wird, dann ist es ganz besonders wichtig. Die Warnung vor dem Malzeichen und dem Bild des Tieres wird hier wiederholt. Es handelt sich um eine ganz massive Warnung: „Lasst euch auf gar keinen Fall dieses Zeichen aufprägen!" Es mag so mancher sagen: „Ach, innerlich bleibe ich ja Christ. Dann ist es doch egal, ob ich mir da jetzt ein Zeichen machen lasse." NEIN, auf keinen Fall! Das ist ein großer Betrug Satans. Man kann das Zeichen nicht mehr wegmachen, wenn man es sich einmal hat geben lassen. Da gibt es keine Umkehr. Das sagt uns dieses Wort ganz klar. Dann hat man sich mit Haut und Haaren dem Teufel verschrieben, wenn man dieses Malzeichen angenommen hat. Ich habe jedenfalls keine Bibelstelle gefunden, dass es von denen, die das Malzeichen des Tieres angenommen haben, noch eine Umkehr gibt. Wenn jemand heutzutage noch nicht erlöst ist und Buße über seine Sünden tut, kann er immer noch zum HERRN umkehren. Aber mit diesem Malzeichen ist es eine ernste und wohl auch endgültige Sache. (Die einzige Ausnahme dürften solche Christen sein, die gegen ihren Willen und Widerstand das Malzeichen gewaltsam aufgeprägt bekommen haben; hier wird der HERR sicherlich ihr Herz ansehen und sie dafür nicht verdammen.)

Offenbarung 14,12: **Hier ist die Standhaftigkeit der Heiligen. Hier sind die, welche die Gebote Gottes und den Glauben an Jesus bewahren.**

Hier ist die Geduld (im Griechischen hypomone), das Darunterbleiben der Heiligen. Bleib standhaft, bewahre die Gebote Gottes! Dazu gehört auch das Bilderverbot: **„Du sollst dir kein Bildnis machen"** (2. Mose 20,4ff.) und das Gebot, sich dieses Malzeichen nicht anfügen zu lassen. Und bewahre dir den Glauben an Jesus, der dich durch alle Drangsal hindurchbringen kann, egal, wie weit wir noch hinein müssen! Dies ist ein Aufruf zur Standhaftigkeit. So sagt ja Jesus auch in der Endzeitrede in Matthäus 24: **„Wer aber beharrt bis ans Ende, der**

wird selig"; damit ist gemeint: „Wer aushält, wer dem HERRN die Treue hält bis ans Ende, wird gerettet." Die Treubleibenden werden belohnt werden.

Glückselig die Toten im HERRN

Offenbarung 14,13: **Und ich hörte eine Stimme aus dem Himmel, die zu mir sprach: „Schreibe: Glückselig sind die Toten, die im HERRN sterben von nun an! Ja, spricht der Geist, sie sollen ruhen von ihren Mühen, ihre Werke aber folgen ihnen nach."**

Auch dieser Vers ist nicht so leicht zu verstehen. Es sind manche Begriffe darin, die uns zunächst stutzen lassen. Der Tod ist ja der letzte Feind; aber glückselig sind die Toten, die im HERRN sterben. Das ist etwas anderes, als dass hier der Tod besungen würde, wie manche meinen. Der Tod wird nicht verklärt, denn er wird schließlich auch in die ewige Feuerhölle geworfen: der Tod und sein Totenreich. Diese Beschreibung findet sich in Offenbarung 20,14. Mit den Toten, die im HERRN sterben, sind vor allem die Märtyrer gemeint, die in der Drangsalzeit leben werden. Es wird auch in dieser Zeit sicher Bekehrungen geben. Auch angesichts dessen, dass die Entrückung geschehen ist, werden noch andere zum Glauben kommen. Davon bin ich überzeugt. Aber es wird Verfolgung sein für alle, die die letzte Strecke noch mitmachen müssen, wie auch jetzt schon Verfolgung besteht.

Sicherlich sind alle Toten glückselig, die im HERRN sterben, aber im besonderen Maße sicherlich diejenigen, die in dieser Drangsalzeit ihr Leben für Jesus opfern. Sie sind deshalb besonders glückselig, weil nun die Zeit bis zur Auferstehung der Wiedergeborenen kurz ist. Die Auferstehung ist für diejenigen gar nicht mehr weit. Ich persönlich bin davon überzeugt, dass die Zeit bis zum Jüngsten Tag mit dem Weltgericht weiterläuft. In Offenbarung 6 lesen wir, dass die Märtyrer am Altar sind und sagen: **„Wie lange noch, bis du unser Blut rächst an denen, die uns dahingemetzelt haben?"**

Sie rächen sich selbst nicht. Denn es heißt ja: **„'Mein ist die Rache', spricht der HERR"**. Gott ist der gerechte Rächer. Er richtet nicht im Zorn - in falschem Zorn, in unüberlegtem Zorn, in Jähzorn, sondern in gerechtem Zorn - genau so wie das Strafmaß bemessen ist für Sünde, die unvergeben bleibt. Die größte Sünde begehen der Teufel, der Antichrist und der falsche Prophet und alle, die ihnen nachfolgen; ob es jetzt ist oder dann, wenn sich das System des Antichristen aufrichtet. Aber glückselig sind die Toten, die im HERRN sterben von nun an. Daher dieses **„von nun an"**; denn wenn die Drangsal ist, sind diese besonders glückselig, weil sie Standhaftigkeit beweisen und dann sehr schnell in die Auferstehung gelangen.

Da müssen sie nur noch kurz warten, bis sie mit dem neuen Leib überkleidet werden und von ihren Mühen ruhen. Sie gelangen zur Ruhe, zum wirklichen Sabbat nach Hebräer 4. Aber die anderen werden keine Ruhe erlangen. Sie werden von Ewigkeit zu Ewigkeit gequält werden. Sie haben Tag und Nacht keine Ruhe. Nur die, die standhaft bleiben und dem HERRN dienen, sie werden ruhen von ihren Mühen, von ihren Qualen, von ihrer Bedrängnis, von ihrem Leiden und Kämpfen und dem HERRN dienen. Es heißt nicht, dass es in der Ewigkeit nicht auch Aktivität gibt. Wir dürfen uns das nicht so vorstellen, dass da einfach nur „schlafen" angesagt ist. Ganz im Gegenteil: Es existieren viele Hinweise in der Bibel, dass der Himmel ein Reich mit vielerlei Aufgaben sein wird, dass wir vieles dazu lernen werden, wofür wir hier nie Zeit hatten, dass wir den HERRN in Ewigkeit preisen werden und dass es sehr viel zu entdecken gibt, wovon wir hier auf dieser Welt nur einen schwachen Abglanz wahrnehmen.

Ihre Werke folgen ihnen nach

Die Worte **„Ihre Werke aber folgen ihnen nach"** dürfen wir nicht missverstehen. Es handelt sich um keine Werkgerechtigkeit, in dem Sinn, dass uns die Werke selig machen würden. Es sind nicht die Werke des Gesetzes gemeint, die etwa der Apostel Paulus im Römerbrief als Heilsweg, als Weg zur

Erlösung ganz klar ablehnt. Durch Werke wird niemand selig, sondern allein durch den Glauben (Römer 3). Aber es sind die Werke des Glaubens gemeint, das heißt die Werke, die aus dem Glauben, aus der Standhaftigkeit, dem Lamme nachzufolgen, erwachsen sind. Es sind darunter also keine Gesetzeswerke, sondern Glaubenswerke zu verstehen: Die Gläubigen haben diese vollbracht, indem sie dem HERRN treu und gehorsam geblieben, Ihm unbefleckt nachgefolgt sind, egal, wohin es gegangen ist. Kein Betrug wurde in ihrem Mund gefunden. Solche Werke folgen ihnen nach.

Gottes Wort unterscheidet ja zwischen zwei grundlegenden Gerichten: dem Preisgericht der Gläubigen und dem Verdammungsgericht der Ungläubigen. Das Preisgericht für die Erlösten erfolgt zur Zeit der ersten Auferstehung. Die erste Auferstehung ist nicht die Wiedergeburt, wie manche meinen, sondern die **Folge** der Wiedergeburt: Die Wiedergeborenen gelangen zur ersten Auferstehung im Zusammenhang mit der Entrückung, die dann wiederum in die Lebendigmachung zu Beginn des Tausendjährigen Reiches mündet. Die Entrückung mag vorher schon stattfinden. Ich sehe sie nicht so spät, sondern ungefähr in der Mitte der siebenjährigen Trübsalszeit (Offenbarung 11). Es heißt in Offenbarung 20: **„Sie wurden lebendig und regierten mit Christus tausend Jahre".** Es sind diejenigen, die entrückt wurden, aber auch diejenigen, die in der weiteren Drangsal (zweite Hälfte der sieben Jahre) getötet wurden. Es sind alle Toten, die dem HERRN treu geblieben sind, die dem HERRN bis zum Beginn des Tausendjährigen Reiches nachgefolgt sind. Sie werden dann wieder lebendig werden, nachdem sie zuvor durch den Märtyrertod oder auch durch den normalen Tod im HERRN gestorben sind. Sie werden dann mit Ihm in diesem Reich regieren und das himmlische Zion schauen. Die Treugebliebenen werden belohnt werden. Ihnen ist die Seligkeit verheißen. Ihre Werke folgen ihnen nach.

Beim Preisgericht haben die einen Gold, Silber und Edelsteine gesät und werden solche auch ernten. Die anderen haben nur Holz, Heu und Stoppeln gesät. Solche werden gerettet wie durchs Feuer hindurch. Damit ist nicht das Fegefeuer gemeint, wie die katholische Kirche es auslegen möchte, sondern es heißt **„WIE durchs Feuer hindurch"**, also: gerade noch so hindurchgerettet. Sie standen zwar im Glauben, aber sie haben wenig Frucht gebracht. Dies ist nicht mit Werkgerechtigkeit zu verwechseln. Wir können uns das Heil weder verdienen noch erarbeiten. Die Grundlage unserer Erlösung ist der rettende Glaube an Jesus Christus. Selbst wenn wir noch so viele Werke tun, aber nicht den rechten Glauben haben, sind diese Werke nichts nütze. Aber wenn wir Glauben haben und keine Werke tun, ist der Glaube tot. Deshalb gibt es keinen Widerspruch zwischen Paulus und Jakobus. Der Römerbrief und der Jakobusbrief ergänzen einander und behandeln diese Frage von verschiedenen Gesichtspunkten aus. Im Römerbrief wird die falsche Werkgerechtigkeit abgelehnt, die das Heil aus den eigenen Werken des Gesetzes erhofft, und im Jakobusbrief wird eine oberflächliche Glaubenshaltung abgelehnt, die sagt: „Hauptsache Glaube - Werke brauche ich dann keine mehr zu tun". Was wäre das aber für ein Christsein, das keine guten Werke hervorbringt? Paulus nennt solche „die Frucht des Geistes" (Galater 5). Das ist das Gleiche wie die Werke des Glaubens. Und diese Werke folgen ihnen nach.

Möge der HERR auch uns schenken, dass wir solche Werke hervorbringen, dass wir Ihm bis ans Ende treu bleiben und diese Standhaftigkeit der Heiligen beweisen. Amen.

Die Zeit der Ernte ist gekommen

Offenbarung 14,14–15,8

Als der HERR Jesus zum ersten Mal auf unserer Erde erschienen ist und Seinen Fuß auf unseren Globus gesetzt hat, kam Er als der Retter. Alle, die sich Ihm anvertraut haben, die Ihn als ihren Erlöser angenommen haben, dürfen Errettung vor dem Gericht Gottes erfahren. Aber alle, die Ihn abgelehnt haben, die Ihn ablehnen und Ihn noch ablehnen werden, müssen in das schreckliche Gericht hineingehen, von dem wir in den folgenden Kapiteln lesen.

Offenbarung 14

Und ich sah: Und siehe, eine weiße Wolke, und auf der Wolke saß Einer, der glich einem Sohn des Menschen. Er hatte auf Seinem Haupt eine goldene Krone und in Seiner Hand eine scharfe Sichel. Und ein weiterer Engel kam aus dem Tempel hervor, der rief mit lauter Stimme Dem zu, der auf der Wolke saß: „Sende Deine Sichel und ernte, denn die Stunde des Erntens ist für Dich gekommen, weil die Ernte der Erde überreif geworden ist!"

Und der auf der Wolke saß, warf Seine Sichel auf die Erde, und die Erde wurde abgeerntet. Und ein weiterer Engel kam hervor aus dem Tempel, der im Himmel ist, und auch er hatte eine scharfe Sichel.

Und ein weiterer Engel kam vom Altar her. Der hatte Vollmacht über das Feuer; und er wandte sich mit lautem Ruf an

den, der die scharfe Sichel hatte und sprach: „Sende deine scharfe Sichel aus und schneide die Trauben des Weinstocks der Erde ab, denn seine Beeren sind reif geworden!" Und der Engel warf seine Sichel auf die Erde und schnitt den Weinstock der Erde und warf die Trauben in die große Kelter des Zornes Gottes. Und die Kelter wurde außerhalb der Stadt getreten; und es floss Blut aus der Kelter bis an die Zäume der Pferde, 1.600 Stadien weit.

Offenbarung 15

Und ich sah ein anderes Zeichen im Himmel, groß und wunderbar: Sieben Engel, welche die sieben letzten Plagen hatten. Denn mit ihnen ist der Zorn Gottes vollendet. Und ich sah etwas wie ein gläsernes Meer, mit Feuer vermischt. Und die, welche als Überwinder hervorgegangen waren über das Tier und über sein Bild und über sein Malzeichen, über die Zahl seines Namens, standen an dem gläsernen Meer und hatten Harfen Gottes. Und sie singen das Lied Moses, des Knechtes Gottes, und das Lied des Lammes und sprechen: „Groß und wunderbar sind Deine Werke, o HERR, Gott, Du Allmächtiger! Gerecht und wahrhaftig sind Deine Wege, Du König der Heiligen! Wer sollte Dich nicht fürchten, o HERR, und Deinen Namen nicht preisen? Denn Du allein bist heilig. Ja, alle Völker werden kommen und vor Dir anbeten, denn Deine gerechten Taten sind offenbar geworden.

Und nach diesem sah ich: Und siehe, der Tempel des Zeltes des Zeugnisses im Himmel wurde geöffnet. Und die sieben Engel, welche die sieben Plagen hatten, kamen hervor aus dem Tempel, bekleidet mit reiner und glänzender Leinwand und um die Brust gegürtet mit goldenen Gürteln. Und eines der vier lebendigen Wesen gab den sieben Engeln sieben goldene Schalen voll von der Zornglut Gottes, der lebt von Ewigkeit zu Ewigkeit. Und der Tempel wurde erfüllt mit Rauch von der Herrlichkeit Gottes und von Seiner Kraft; und niemand konnte in den Tempel hineingehen, bis die sieben Plagen der sieben Engel vollendet waren.

Der Menschensohn erscheint zum Gericht

Wir sehen hier nun, dass die Zeit der Ernte gekommen ist. Wer Jesus nicht als Retter angenommen hat, wird Ihn als Richter erleben müssen. In der Offenbarung wird jetzt das Gericht beschrieben.

Offenbarung 14,14: **Und ich sah: Und siehe, eine weiße Wolke, und auf der Wolke saß Einer, der glich einem Sohn des Menschen.**

Die weiße Wolke steht immer wieder im Zusammenhang mit der Erscheinung Gottes, zum Beispiel

- Auf dem Berg Sinai, als Er sich dem Volk Israel geoffenbart hat. Dort erschien Er mit großem Posaunenschall in einer Wolke (2. Mose 19).
- Eine Wolke erschien auch, als der HERR Jesus getauft wurde. Und aus dieser Wolke erklang der Ruf: **„Dies ist Mein geliebter Sohn"** (Matthäus 3,13ff.).
- Bei der Verklärung erschien ebenfalls diese Wolke der Gotteserscheinung, bei der der Vater Ihn als den Sohn bestätigt hat und Er zu dem Leidensweg für die Erlösung all derer, die an Ihn glauben, zubereitet wurde (Matthäus 17,1ff.).
- Auch bei der Himmelfahrt Jesu (Apostelgeschichte 1) kam eine Wolke und nahm Ihn auf in die Dimensionen - um das mit menschlichen Begriffen zu sagen - , wo Er nun zur Rechten des Vaters sitzt und von wo Er wiederkommen wird, zu richten die Lebenden und die Toten. Denn es heißt, dass der Vater niemanden richtet, sondern Er hat dem Sohn das Gericht übertragen (Johannes 5,22). Und dann wird der Sohn dem Vater alle Herrschaft übergeben (1. Korinther 15,24).

Auch hier erscheint die weiße Wolke, aber die Wolke des Richters. Jesus, der Weltenrichter, wurde in Daniel 7 prophezeit. Er wird am Ende genauso erscheinen, wie es bereits im Alten Testament vorausgesagt wurde. In Daniel 7 finden wir diese wichtige, grundlegende Stelle, an welche die Johannesoffenbarung anknüpft. Dort wird das Gesicht von den vier Tieren beschrieben und vom Menschensohn: die vier großen Tiere, also die Weltreiche, und dann das vierte Tier im Besonderen. Dieses ist:

- schrecklich
- Furcht erregend
- außerordentlich stark

Daniels Prophetie über den Antichristen

Daniel 7,7-8: **Nach diesem schaute ich in Gesichten der Nacht: Und siehe, ein viertes Tier, schrecklich und Furcht erregend, und es hatte eiserne Zähne. Es fraß und zermalmte und zertrat das Übrige mit den Füßen. Es war ganz anders als alle vorherigen Tiere und hatte zehn Hörner. Während ich auf die Hörner achtete, siehe, da stieg ein anderes, kleines Horn empor, und drei von den ersten Hörnern wurden vor ihm ausgerissen.**

Das antichristliche Tier, das hier in Gestalt eines kleinen Horns beschrieben ist und das aufwächst und die Weltherrschaft an sich reißen wird, wird drei der Könige, die mit ihm aufgestiegen sind, vernichten und sich selbst als achter an die Stelle setzen und die Herrschaft einnehmen. Aber der Richter steht schon bereit. Deshalb erfolgt diese große Gottesoffenbarung in Daniel genau an der Stelle, an der das Horn, das lästerliche Tier, der Antichrist, das Maul aufreißt und große Dinge redet.

Daniel 7,9: **Und ich schaute, bis Throne aufgestellt wurden und ein Hochbetagter sich setzte.** (Das ist Gott, der Vater.) **Sein Gewand war schneeweiß und das Haar Seines Hauptes wie reine Wolle. Sein Thron waren Feuerflammen und dessen Räder ein brennendes Feuer.**

Daniel beschreibt die Majestät Gottes mit Begriffen der menschlichen Anschauungswelt. Die Erscheinung Gottes ist so herrlich, dass man keine vergleichbaren Begriffe aus unserer Welt findet.

Daniel 7,10: **Ein Feuerstrom ergoss sich und ging von Ihm aus. Tausend mal Tausende dienten Ihm, und zehntausendmal Zehntausende standen vor Ihm.** (Die nicht von Gott abgefallenen Engelscharen, die Ihm dienen, die an Seinem Hofstaat wandeln.) **Das Gericht setzte sich, und die Bücher wurden geöffnet.**

Von diesen Büchern werden wir wieder in Offenbarung 20 lesen: von dem Buch des Lebens, des Lammes, in das die bluterkauften Jesusjünger eingetragen sind. Aber die Toten, die in allen anderen Büchern stehen, sind diejenigen, die nicht an Jesus geglaubt haben; diese werden gemäß ihren Werken gerichtet. Es kann nur gerettet werden, wer im Lebensbuch des Lammes geschrieben steht.

Daniel 7,11–12: **Und ich sah fortwährend hin wegen des Lärms der hochfahrenden Reden, die das Horn führte.** (Das Horn, der Antichrist, begehrt auf gegen Gott und Seine Herrschaft. Er fühlt sich selbst als Gott. Er will die Herrschaft an sich reißen. Die Menschen reden heute auch hochfahrend gegen Gott in der Atheismuswelle, die da rollt. Bücher wie „Der Gotteswahn" stehen wochenlang auf den Bestseller-Listen. Es sind schreckliche Veröffentlichungen von gottlosen und abgefallenen Menschen. Es handelt sich ja manchmal sogar um solche, die aus christlichem Umfeld stammen, sich davon lossagen und dann zu Gotteshassern werden, vielleicht weil sie mit Christen negative Erfahrungen gemacht haben. Da müssen wir uns selbst fragen: Wo sind wir mitschuldig, wenn Menschen vom Glauben wegkommen oder nie richtig gläubig werden? Wir wollen uns auch da immer wieder prüfen und reinigen lassen.) **Ich sah zu, bis das Tier getötet und sein Leib umgebracht und einem brennenden Feuer ausgeliefert wurde.** (Da sehen wir, dass der irdische Leib des Antichristen getötet wird; aber seine Seele wird dem ewigen Feuer anvertraut, dem ewigen Gericht, dem Feuersee.) **Auch die Herrschaft der anderen Tiere verging.** (Alle Reiche gehen unter; aber das Reich Gottes kommt.) **Und ihre Lebensdauer wurde ihnen auf Zeit und Stunde bestimmt.**

Diese Reiche haben nur eine bestimmte Zeitspanne, in der sie ihre Macht entfalten. Der HERR sitzt bereit zum Gericht, um Seine herrliche, ewige Königsherrschaft aufzurichten. Und der Weltenrichter Jesus wird jetzt wie folgt beschrieben:

Daniels Prophetie über den Menschensohn

Daniel 7,13–14: **Ich sah in den Nachtgesichten: Und siehe, es kam Einer mit den Wolken des Himmels, gleich einem Sohn des Menschen. Und Er gelangte bis zu dem Hochbetagten und wurde vor Ihn gebracht. Und Ihm wurde Herrschaft, Ehre und Königtum verliehen, und alle Völker, Stämme und Sprachen dienten Ihm. Seine Herrschaft ist eine ewige Herrschaft, die nicht vergeht; und Sein Königtum wird nie zugrunde gehen.**

Wir wissen, dass der HERR Jesus sich selbst in der Öffentlichkeit als „der Menschensohn" bezeichnet hat. Natürlich hat Ihn der Apostel Petrus als den Sohn Gottes erkannt (Matthäus 16,16). Aber der Begriff „Menschensohn" konnte als „Sohn von einem Menschen" (von Maria) verstanden werden. Er war ja durch Maria menschlich, aber zugleich auch göttlichen Wesens. Er hat schon vorher, von Ewigkeit her, im Schoß des Vaters geruht. Er war schon bei der Weltschöpfung dabei. Denn es heißt: **„Lasset uns Menschen machen"** über die Erschaffung des Menschen (1. Mose 1,26). Der Sohn des Menschen ist auch selbst Schöpfer, Mitschöpfer des Menschen gemeinsam mit dem Vater und durch die Kraft des Heiligen Geistes. So besteht die Einheit von Vater, Sohn und Geist von Ewigkeit zu Ewigkeit. Dies ist ein tiefes Geheimnis der „Dreieinheit Gottes", wie man sie auch nennen kann. Und Ihm wurde dann auch die Herrschaft, die Ehre und das ewige Königtum verliehen.

Wir wissen also aus Daniel 7: Wenn der HERR Jesus sich auf Erden als Menschensohn bezeichnet hat, hat Er sich dadurch gleichzeitig als Weltenrichter geoffenbart. Diejenigen Menschen, welche die Hebräische Bibel (unser Altes Testament) kannten, wussten, dass Er eben nicht nur als Mensch vor ihnen stand, sondern als der von Gott Vater gesandte Weltenrichter, als der Sohn Gottes. Das hat der Geist Gottes auch dem Apostel Petrus geoffenbart. Deshalb sagt der HERR Jesus zu ihm: **„Nicht Fleisch und Blut haben dir das geoffenbart, sondern Mein Vater im Himmel"** (Matthäus 16,17).

Goldene Krone und scharfe Sichel

Offenbarung 14,14: **„Er hatte auf Seinem Haupt eine goldene Krone und in Seiner Hand eine scharfe Sichel."** Die Krone ist das Zeichen der Königsherrschaft Jesu Christi, der Königsherrschaft des Menschensohns und Gottessohns zugleich. Jetzt kommt Er nicht mehr als das Lamm, sondern als der Reiter auf dem weißen Pferd, von dem in Offenbarung 19 noch die Rede sein wird, der als der Sieger auftritt und in der Hand eine scharfe Sichel hält, um die Ernte einzufahren.

Die Ernte erscheint schon bei den alttestamentlichen Propheten als ein geläufiges Bild für das Weltgericht. Es ist sicherlich in der prophetischen Auslegung so, dass die Details oftmals bildhaft sind, zum Beispiel diese Sichel. Ich denke, dass es keine wirkliche Sichel sein wird, mit der Er die Menschen einfährt, sondern dass Er sie kraft Seines Wortes, kraft Seiner Macht einsammeln wird. Mit einem Hauch Seines Mundes wird Er das Tier und den falschen Propheten richten. Wenn ein Schwert aus Seinem Mund geht, ist das richtende Wort Gottes

gemeint. Gott spricht ein Wort, und es geschieht. Er braucht dazu keine irdischen Gegenstände.

Wenn Satan später (in Offenbarung 20) an eine Kette gebunden ist, heißt das, dass er in dieser Zeit nichts tun kann. Gott hat ihn gebändigt. Es handelt sich um keine irdische Kette - eine solche könnte ihn nicht halten. Es ist eine geistliche Kette. Aber die Tatsache, dass diese Bindung Satans geschieht, ist real zu nehmen. In den Einzelheiten können prophetische Aussagen also durchaus Symbole enthalten, aber in den Abläufen sind sie Realität.

Das können viele Ausleger leider nicht auseinander halten. Das ist das große Dilemma. Manche deuten sogar alles symbolisch. „Die ganze Offenbarung spielt sich in meinem Herzen ab", habe ich jetzt von jemandem gehört. „Was da beschrieben wird, existiert gar nicht in der Geschichte". Über so viel Blindheit kann ich nur weinen, wenn Menschen das so sehen; wenn sie alles vergeistlichen, verinnerlichen und nicht mehr als Realität in der Weltgeschichte begreifen, wo doch gerade in Daniel 7 und in der Offenbarung so deutlich von den Weltreichen die Rede ist. Diese Weltreiche waren ja schon da und entwickeln sich wieder. Wir sehen, dass das europäische Reich, Europa als Zentrum des antichristlichen Weltreiches, am Entstehen ist. Wer offene Augen hat, der kann solches gar nicht übersehen.

Die Ernte beim Propheten Jesaja

Und hier lesen wir nun von der scharfen Sichel der Ernte. Betrachten wir dazu Parallelstellen aus dem Alten Testament, z. B. Jesaja 63. Dort finden wir fast wörtlich manche Anklänge, die in der Offenbarung wieder aufgegriffen werden. Denn die Heilige Schrift ist ja eine Einheit.

Jesaja 63,1-4: **Wer ist dieser, der dort von Edom her kommt** (Edom heißt „rot", und hier klingt das Blut beim Gericht an. Deshalb ist Edom als Typus, als Vorbild für das Weltgericht eingesetzt), **von Bozra** (das ist die Hauptstadt Edoms) **mit hochroten Kleidern** (sie sind nämlich von Blut besprengt), **Er, der prächtig aussieht in Seinem Gewand, stolz auftritt in der**

Fülle Seiner Kraft? Ich bin es, der Ich von Gerechtigkeit rede und mächtig bin zum Retten. Warum ist denn dein Gewand so rot und deine Kleider sehen aus wie die eines Keltertreters? (Hier finden wir genau die prophetische Vorschattung zur Offenbarung. Nun kommt die Antwort Gottes in Seinem Sohn:) **Ich habe die Kelter allein getreten, und von den Völkern war kein Mensch mit Mir. Und so habe Ich sie zertreten in Meinem Zorn und zerstampft in Meinem Grimm, dass ihr Saft an Meine Kleider spritzte, und Ich Mein ganzes Gewand besudelte. Denn Ich hatte Mir einen Tag der Rache vorgenommen, das Jahr Meiner Erlösten war gekommen.**

Rache an den Feinden Gottes und Heil für die Erlösten! Auch bei Jesaja finden wir schon diesen doppelten Ausgang. Da möge jemand sagen, dass im Alten Testament noch nicht von Auferstehung die Rede sei. Von wegen! Die ganze Bibel ist eine Einheit göttlich durchwirkten Wortes.

Macht Pflugscharen zu Schwertern!

Auch im Buch des Propheten Joel können wir diesbezüglich eine wichtige Stelle lesen, und zwar im Kapitel 4: Der Tag des HERRN bringt Gericht über die Heidenvölker. Hier findet sich der Aufruf - nun aber richtig verstanden - zum heiligen Krieg. Der heilige Krieg kann nur der Krieg sein, den Gott der HERR selbst führt - und nicht, dass wir für Ihn in den Krieg ziehen!

Joel 4,9-10: **Ruft dies aus unter den Heidenvölkern, rüstet euch zum heiligen Krieg! Weckt die Helden auf! Alle Krieger sollen einrücken und hinauf ziehen. Schmiedet eure Pflugscharen zu Schwertern um** (Wir kennen ja den bekannten Spruch: „Schwerter zu Pflugscharen machen"; aber jetzt heißt es beim Endgericht: „Schmiedet eure Pflugscharen zu Schwertern!" Es handelt sich ja hier um eine Anspielung auf die Schlacht von Harmagedon!) **und eure Rebmesser zu Spießen!**

Dass die Schwerter zu Pflugscharen umgeschmiedet werden, wird erst später, nach diesen Gerichten, geschehen. Im Tausendjährigen Reich werden die Schwerter zu Pflugscharen; aber jetzt werden erst einmal die Pflugscharen zu Schwer-

tern geschmiedet, bis die Feinde Gottes gerichtet sind. Wir dürfen die heilsgeschichtlichen Zeiten nicht durcheinander werfen! Wer das tut und solche Verheißungen jetzt schon auf die Gegenwart bezieht, betreibt eine falsche Auslegung. Natürlich bin ich auch für Frieden. Wir sind hier aufgerufen, für den Frieden, - der allerdings in dieser gefallenen Endzeit ein begrenzter Frieden sein wird - einzutreten. Wir wissen aber, dass wir in der Endzeit leben: Der Glaubensabfall nimmt zu, der Antichrist wird kommen, das Böse reift aus. Und es ist Schwärmerei, wenn man behauptet, jetzt schon sei das absolute Friedensreich angebrochen. Es wird ein böses Erwachen für diese Menschen geben, weil sie dadurch dem Antichristen in die Wege arbeiten, der um den Preis der Wahrheit einen Scheinfrieden, einen faulen Frieden, eine falsche Einheit, eine falsche Ökumene aufrichtet. Keine Einheit ohne Wahrheit, sagt die Bibel, und kein Friede ohne Umkehr zu Jesus Christus als dem, der unser Friede ist (Epheser 2,14) Nicht Jesus und Buddha und Zarathustra und Mohammed und Karl Marx, sondern Jesus allein ist der Weg zum Vater (Johannes 14,6)

Dann wird bei Joel bildlich das Tal Josaphat bezeichnet, das in der Nähe Jerusalems gelegen ist, und es heißt weiter:

Joel 4,12-16: **Dort will Ich zu Gericht sitzen über alle Heidenvölker ringsum. Legt die Sichel an, denn die Ernte ist reif! Kommt und tretet, denn die Kelter ist voll! Die Kufen fließen über. Denn ihre Bosheit ist groß. Scharen um Scharen**

treffen ein im Tal der Entscheidung, denn nahe ist der Tag des HERRN im Tal der Entscheidung. (Jetzt kommen noch die kosmischen Erscheinungen hinzu, die in den Gerichten der Offenbarung beschrieben werden.) **Sonne und Mond kleiden sich in Trauer, und die Sterne verlieren ihren Schein. Und der HERR wird auf Zion brüllen und von Jerusalem her Seine Stimme hören lassen, dass Himmel und Erde zittern. Aber der HERR ist eine Zuflucht für Sein Volk und eine feste Burg für die Kinder Israels.**

So steht es schon im Alten Bund geschrieben. Die Aussagen werden einerseits auf Israel bezogen, beziehen sich aber in der Offenbarung zugleich auf die erlöste Gemeinde aus Juden- und Heidenchristen gemäß Epheser 2: die Verheißung der Bewahrung, der Errettung aus der Not. Diese geschieht in der vorausgegangenen Entrückung; aber auch in Form des Gerichts über die Menschheit, die in dieser Drangsalzeit zurück bleiben muss, in welcher der Antichrist seine Herrschaft ausbreitet.

Unkraut und Weizen

Offenbarung 14,15: **Und ein weiterer Engel kam aus dem Tempel hervor, der rief mit lauter Stimme Dem zu, der auf der Wolke saß: „Sende Deine Sichel und ernte, denn die Stunde des Erntens ist für Dich gekommen, weil die Ernte der Erde überreif geworden ist!"**

Bei Jesaja und Joel haben wir bereits gelesen, dass die Saat zur Frucht heranreift. Aber irgendwann ist die Ernte erreicht. Dann wird entschieden, was Unkraut und was Weizen ist. Im Neuen Testament finden wir das Gleichnis vom Unkraut unter dem Weizen. Im Zusammenhang damit ist auch von der Ernte die Rede, die der HERR einfahren wird, und zwar in Matthäus 13. Da werden auch Engel genannt, die in Offenbarung 14 wieder auftreten.

Matthäus 13,39ff.: **Die Ernte aber ist das Ende der Weltzeit, die Schnitter sind die Engel ... Gleich wie man das Unkraut sammelt** (das Unkraut sind die Gottesleugner, die Abtrünnigen und die Unerlösten) **und mit Feuer verbrennt, so wird es**

sein am Ende dieser Weltzeit. Der Sohn des Menschen wird Seine Engel aussenden, und sie werden alle Ärgernisse und die, die Gesetzlosigkeit verüben, aus Seinem Reich sammeln und werden sie in den Feuerofen werfen. Dort werden Heulen und Zähneknirschen sein. Dann werden die Gerechten leuchten wie die Sonne im Reich ihres Vaters. Wer Ohren hat zu hören, der höre.

Das Unkraut, also die Ungläubigen und die Heuchler, werden in den Feuerofen geworfen; übrigens auch die Abgefallenen. In Johannes 15, im Bild vom Weinstock und den Reben, heißt es ja sinngemäß: „Ich (Jesus) bin der Weinstock, ihr seid die Reben. Wer Frucht bringt, wird noch gereinigt, dass er mehr Frucht bringt und wird das herrliche Reich Gottes erleben. Wer aber keine Frucht bringt, wird abgeschnitten und muss brennen." Ich denke, dass es hier um Abfall vom Glauben geht. Denn abfallen kann nur, wer einmal dabei war. Deshalb ruft uns der HERR Jesus in Johannes 15 auf: „Bleibet in Mir! Nur wer in Mir bleibt, wird Frucht bringen. Ohne Mich könnt ihr nichts tun." Dieser Aufruf wäre sinnlos, wenn es nicht so wäre, dass ein Christ noch abfallen könnte. Möge der HERR uns bewahren und gnädig sein.

Was säen wir?

Es gibt noch viele weitere Parallelstellen, wie z. B. in Galater 6,7–8: **„Denn was ein Mensch sät, das wird er ernten. Denn wer auf sein Fleisch sät, wird vom Fleisch das Verderben ernten; wer aber auf den Geist sät, wird vom Geist Gottes das ewige Leben ernten.** Auch hier finden wir den doppelten Ausgang, wie überall in der Schrift. An dieser Stelle auch wieder eine Frage an uns: Was säen wir aus? Was ist unsere Saat? Sind wir bereit, wenn der HERR der Ernte erscheint, dass wir uns haben reinigen lassen, dass wir Frucht bringen, dass wir uns haben beschneiden lassen wie die gute Rebe am Weinstock Jesus Christus?

Johannes 3,16–18: **Denn so hat Gott die Welt geliebt, dass Er Seinen eingeborenen Sohn gab, damit jeder, der an Ihn**

glaubt, nicht verloren geht, sondern ewiges Leben hat. Denn Gott hat Seinen Sohn nicht in die Welt gesandt, damit Er die Welt richte (Das war nicht Gottes Absicht. Aber was ist mit denen, die nicht zu Ihm kommen?), **sondern damit die Welt durch Ihn gerettet werde. Wer an Ihn glaubt, wird nicht gerichtet; wer aber nicht glaubt, der ist schon gerichtet, weil er nicht an den Namen des eingeborenen Sohnes Gottes geglaubt hat.**

Das Gericht ist für uns schon hier und jetzt im geistlichen Sinne erfolgt. Wenn wir an Jesus glauben, kommen wir nicht in das Weltgericht vor den großen, weißen Thron. Dann ist hier schon die Entscheidung gefallen, dass wir in Seine ewige Herrlichkeit, das ewige Jerusalem eingehen dürfen. Dies ist sehr tröstlich. Wer aber nicht glaubt, der **ist** schon gerichtet, für den ist schon die zweite Auferstehung zur Verdammnis bestimmt. Die erste Auferstehung ist die Auferstehung der Seligen vor dem Tausendjährigen Reich. Es sind diejenigen, welch dann mit Christus regieren dürfen. Aber die zweite Auferstehung ist die Auferstehung zur Verdammnis. Dazu gehören diejenigen, die den zweiten Tod erleiden müssen. Nach dem irdischen Tod, dem ersten Tod (oder auch dem Sündentod) folgt dann der zweite Tod der ewigen Verdammnis, der Feuerpfuhl (Offenbarung 20). Was säen wir? Das ist auch für uns die Frage.

„Sende Deine Sichel und ernte!“

Ein Engel aus dem Tempel, wo ja Gott Vater im innersten Heiligtum sitzt, gibt dem Sohn den Auftrag zum Gericht. Das wird in Offenbarung 14,15 beschrieben: **Und ein weiterer Engel kam aus dem Tempel hervor und rief mit lauter Stimme Dem zu, der auf der Wolke saß** (dem Sohn Jesus Christus): **„Sende Deine Sichel und ernte, denn die Stunde des Erntens ist für Dich gekommen, weil die Ernte der Erde überreif geworden ist!“** Jetzt ist der Auftrag Jesu zum Richten da, nicht mehr zum Retten. Jetzt ist die Gerichtszeit, weil die Ernte der Erde überreif geworden ist.

Offenbarung 14,16: **Und Der auf der Wolke saß, warf Seine Sichel auf die Erde, und die Erde wurde abgeerntet.** Unkraut und Weizen werden gesammelt, so wie wir es in Matthäus 13 lesen konnten.

Offenbarung 14,17: **Und ein weiterer Engel kam hervor aus dem Tempel, der im Himmel ist, und auch er hatte eine scharfe Sichel.** Das ist nicht mehr Jesus, sondern ein Engel, nämlich der fünfte Engel. Der vierte Engel war der, der dem Menschensohn zurief: „Ernte!" Der fünfte Engel hat selbst eine Sichel, um selbst zu ernten, um diese Ernte noch einmal zu verstärken. Denn es heißt ja, dass der HERR Seine Engel zum Ernten aussenden wird. Er wird nicht allein ernten, sondern zusammen mit den Engeln ausgehen, um die Ernte einzusammeln. Hier handelt es sich also noch einmal um eine Verstärkung dieses Gerichts, indem der HERR Seinen Engel sendet - hier in der Einzahl, an anderen Stellen auch die Mehrzahl. Es sind führende Engel genannt, mit denen zusammen viele andere diese Ernte durchführen.

Reif zur Ernte des Gerichts

Und jetzt tritt der sechste Engel auf: Offenbarung 14,18: **Und ein weiterer Engel kam vom Altar her.** (Das ist der Altar, an dem sich die Märtyrer aus Offenbarung 6 befinden und rufen: „HERR, wie lange noch, bis Du unser Blut rächst?") **Der hatte Vollmacht über das Feuer.** Wir haben schon bei den ersten Posaunengerichten gesehen, dass dieses Feuer unmittelbar vom Brandopferaltar ausgeschüttet wird und sich dann - im geistlichen Sinne verstanden - in die Plagen verwandelt, die bereits durch die Posaunen in die Welt gekommen sind. Die siebte Posaune entfaltet sich ja weiter in die sieben Zornschalen in Offenbarung 16. Die Märtyrer bitten den HERRN um Rache. „'Mein ist die Rache', spricht der HERR". Der Mensch selbst soll sich nicht rächen. Mit der Vollmacht über das Feuer ist auch das Gerichtsfeuer gemeint. Auf dem Brandopferaltar sind ja die Gebete der Heiligen aufgestiegen wie der Weihrauch, als Symbol des Gebetes. **... und er wandte sich mit lautem Ruf an Den, der die scharfe Sichel hatte**

und sprach: „Sende Deine scharfe Sichel aus und schneide die Trauben des Weinstocks der Erde ab, denn seine Beeren sind reif geworden!“

Dieses Bild vom Weinstock finden wir sowohl im Alten Testament wie auch in Johannes 15. Die böse Frucht taugt nichts, sie muss abgetan, ins Feuer geworfen oder zertreten werden, so wie man Unrat zertritt. In einer Weinkelter wird gesondert zwischen Saft und Unrat. Der Saft der Weintraube ist ja normalerweise etwas Gutes, wenn man ihn nicht im Übermaß trinkt. Ich selbst bin kein Freund von Alkohol, abgesehen vom Abendmahl oder geringen Mengen zur Therapie. Aber hier ist es ganz klar ein Bild des Gerichts. Die Farbe der Weintraube, das Rot, ähnlich dem Blut, wird immer wieder als Bild verwendet. Es geht hier um das Blut, das fließt, wenn Gott beim Keltertreten Sein Gericht wahr macht. Das verharmlosende Bild vom „lieben Gott“ ist dann plötzlich nicht mehr vorhanden.

Gegen das Märchen vom „lieben Gott“

Vor einiger Zeit hat eine „Bischöfin“ in Deutschland ein Buch herausgegeben mit dem Titel „Gedanken vom lieben Gott“. Wenn ich das höre, muss ich immer wieder denken: Natürlich ist Gott Liebe, aber Er ist nicht der „liebe Gott“. Das ist ein Unterschied. „Der liebe Gott“ ist so etwas Ähnliches wie ein Weihnachtsmann, etwas ganz Verharmlostes, einer, der nicht richten kann, dem die Hände gebunden sind, der immer schön brav zu sein hat, damit ja dem Ungläubigen nichts passiert, egal wie der Mensch lebt. Aber nein, gerade weil Gott Liebe ist und nicht „der liebe Gott“, ist Er auch gerecht. Er belohnt die Frommen, die sich an Jesus klammern und dem Lamme nachfolgen. Und Er straft die, die über Gott spotten, die die Gläubigen verfolgen, die sie oftmals in grausamster Weise getötet haben.

Aber auch diejenigen, die gleichgültig waren, müssen ins Gericht. Es heißt immer wieder: **„Sie werden gerichtet nach ihren Werken.“** Man kann vermuten, dass es gemäß dieser Werke auch ein unterschiedliches Strafmaß gibt. Darauf werden wir in Offenbarung 20 noch zurückkommen. Jedenfalls gilt: „Der liebe Gott“, der es allen recht macht, ist nicht der lebendige Schöpfer, Herrscher und Richter der Welt. Das ist ein selbst geschaffenes Bild, aus dem Humanismus kommend, eine Verfälschung, eine Verzerrung aus satanischer Inspiration.

Bitte rede nicht vom „lieben Gott“! Das tun auch manche Sekten. Gerade in neuapostolischen Schriften lese ich immer wieder vom „lieben Gott“, als ein Beispiel. Nein, Gott ist Liebe; aber Er ist auch der gerechte Weltenrichter. Gerade in diesem Kapitel wird dies besonders deutlich. Wir dürfen diesen Stellen ihren Ernst nicht nehmen. Denn wer etwas vom Wort Gottes – gerade in der Offenbarung – hinwegnimmt, dem wird sein Anteil am Baum des Lebens weggenommen (Offenbarung 22,19). Dies gilt auch für denjenigen, der etwas vom Gerichtsernst Gottes hinwegtut. Wir wollen das wirklich ernst nehmen und uns warnen lassen und auch andere warnen. Gott ist ernst zu nehmen: die Liebe, die Wahrheit und die Gerechtigkeit Gottes.

Blut bis an die Zäume der Pferde

Offenbarung 14,19-20: **Und der Engel warf seine Sichel auf die Erde und schnitt den Weinstock der Erde und warf die Trauben in die große Kelter des Zornes Gottes. Und die Kelter wurde außerhalb der Stadt getreten; und es floss Blut aus der Kelter bis an die Zäume der Pferde, 1.600 Stadien weit.**

Die Kelter wird außerhalb der Stadt getreten, weil Jerusalem die Grundlage für das Tausendjährige Friedensreich des Messias sein wird. Da darf nichts Unreines hineinkommen. So ist es auch bei der Schlacht von Harmagedon, die in Sacharja 12 und 14 prophetisch vorausgeschaut wird: In Jerusalem wird sich der Ölberg zwar spalten, aber die Stadt wird nicht zerstört werden. Der HERR wird dieses Jerusalem bewahren, welches das Zentrum des messianischen Reiches sein wird, gemäß Jesaja 2 und vielen anderen Stellen, an denen gesagt wird, dass die Pilger nach Zion hinpilgern werden. Deshalb wird diese Kelter außerhalb der Stadt getreten.

„Und es floss Blut aus der Kelter bis an die Zäume der Pferde, 1.600 Stadien weit." „Bis an die Zäume der Pferde", entspricht einer Höhe von fast zwei Metern. Das ist ein schreckliches Bild. Ich möchte nicht behaupten, ob dies wörtlich zu nehmen ist. Es kann auch eine symbolische Bedeutung der Schwere des Gerichts beinhalten. In Details mögen prophetische Aussagen bildhaft zu verstehen sein, wie ich schon erwähnt habe. Aber **dass** das Gericht kommt, ist zweifellos gesamtbiblische Aussage. Wie hoch das Blut wirklich ist, weiß man nicht. Es mag ein symbolisches Bild des Schreckens sein, das hier dargestellt wird, damit man ja rechtzeitig dem Gericht entflieht und sich dem Lamme anvertraut. Aber ich kann es auch nicht ausschließen, dass das Blut tatsächlich bis an die Zäume der Pferde fließt. Die Strecke, 1.600 Stadien oder Fußwegs weit, das sind etwa 300 Kilometer. Dies ist auch in etwa die Länge der Talebene von Meggido. Über die Ebene am Berg Megiddo hat Napoleon einmal gesagt, dass es das größte Schlachtfeld sei, das er jemals gesehen habe. Megiddo liegt ca. 100 km nördlich von Jerusalem.

Nun wieder einige Fragen an uns: Erkennen wir auch, wenn Gott richtet, Seine Gerechtigkeit - Gottes Liebe verborgen unter dem Gericht, aber doch Gottes Liebe? Erkennen wir, dass wir mit Sünde nicht spaßen können, dass wir allein bei Jesus Rettung und Bergung erfahren können? Gott sei Dank für das Blut Jesu Christi, das für uns geflossen ist, damit nicht unser Blut einmal in dieser Schlacht fließen muss, falls wir in diese Zeit hinein gelangen sollten!

Der Zorn Gottes ist vollendet

Jetzt kommen wir zu Kapitel 15. Dies ist die Ouvertüre zu den letzten sieben Gerichten, zu den sieben Zornschalen. Offenbarung 15,1: **Und ich sah ein anderes Zeichen im Himmel, groß und wunderbar: Sieben Engel, welche die sieben letzten Plagen hatten. Denn mit ihnen ist der Zorn Gottes vollendet.** Dieses Zeichen wird an dieser Stelle als **groß und wunderbar** bezeichnet, nicht als schrecklich. Es ist ein Wunder Gottes, dass Er alles jetzt in dieser schnellen Abfolge geschehen lässt. Er tut ein Wunder, indem Er in schnellster Abfolge das alte böse Wesen des aufrührerischen Menschen der Sünde und seiner Anhänger zunichte macht und rasch das Dasein des Antichristen und sein Wirken beendet.

„Denn mit ihnen ist der Zorn Gottes vollendet": Hier steht, was in ähnlicher Weise Jesus Christus am Kreuz ausgerufen hat: **„Es ist vollbracht!"** (Johannes 19,30). Im Griechischen heißt es beide Male: „eteleste", das bedeutet in der Offenbarung: Der Zorn Gottes ist vollendet. Am Kreuz rief der HERR Jesus aus: **„Es ist vollbracht!"** Das bedeutet: Jesus hat die Erlösung für alle, die sie annehmen, vollbracht. Wer sie nicht annimmt, für die wird der Zorn Gottes vollbracht, vollendet. Auch hier der doppelte Ausgang: Entweder vertrauen wir uns dem Lamme auf Golgatha an und dürfen mit Ihm rufen: „Ja, HERR, Du hast es für mich vollbracht. Du bist für mich verblutet, damit ich ewig in Deinem herrlichen Reich lebe", oder es wird über uns das Wort gesprochen: „Der Zorn Gottes ist über dich vollendet, vollbracht." Wo stehen wir? Wo stehst du?

Das gläserne Meer

In Offenbarung 15,2 heißt es weiter: **Und ich sah etwas wie ein gläsernes Meer, mit Feuer vermischt.** Im Alten Testament gab es kein gläsernes Meer, aber ein ehernes oder kupfernes Meer. Das war ein großes Reinigungsbecken im Tempel am Brandopferaltar zur Reinigung der Priester und der Opfertiere. Mit diesem Meer, das mit Feuer vermischt ist, wird Reinigung symbolisiert. Es handelt sich um die Reinigung von Seiten Gottes, die nun geschieht und eintritt. Gott reinigt diese alte, dem Bösen verfallene Welt von allen Schlacken, von allem Gottesfeindlichen.

Über den Tempel, den Salomo baute, lesen wir im Alten Testament:

1. Könige 7,23–26: **Er machte auch das gegossene Wasserbecken zehn Ellen weit von einem Rand bis zum anderen. Es war ringsherum rund und fünf Ellen hoch, und eine dreißig Ellen lange Schnur konnte es umspannen. Unterhalb seines Randes umgaben es Koloquinten, je zehn auf die Elle rings um das Wasserbecken herum. Es waren aber zwei Reihen Koloquinten, gegossen aus einem Guss mit dem Wasserbecken. Es stand auf zwölf Rindern, von denen drei gegen Norden, drei gegen Westen, drei gegen Süden und drei gegen Osten gewandt waren. Und das Wasserbecken ruhte oben auf ihnen. Und alle ihre Hinterteile waren nach innen gekehrt. Seine Dicke aber betrug eine Handbreite, und sein Rand war wie der Rand eines Bechers, wie die Blüte einer Lilie; und es enthielt zweitausend Bat Wasser.**

2.000 Bat sind umgerechnet ungefähr 60.000 Liter Wasser zur Reinigung.

Johannes der Täufer sagte sinngemäß: „Der nach mir kommt, wird die Welt mit Feuer richten. Seine Worfschaufel ist schon angelegt" (nach Matthäus 3). Dies hat er über den Messias ausgesagt. Derselbe Johannes der Täufer hat einmal gezweifelt und Jesus fragen lassen: **„Bist Du es, der da kommen sollte, oder sollen wir auf einen anderen warten?"** (Matthäus 11,3).

Warum hat er diese Frage gestellt? Er hatte Ihn jetzt schon als den Weltenrichter erwartet. Aber beim ersten Mal kam der

Messias ja gemäß Jesaja 53 als der Gottesknecht: **„Die Strafe liegt auf Ihm, damit wir Frieden hätten."**

Das konnten nicht alle gleich verstehen. Selbst ein Johannes der Täufer begriff das nicht sofort. Erst nachher, im Gefängnis, hat er es dann verstanden, als ihm die Antwort überbracht wurde: **„Blinde sehen, Lahme gehen, Aussätzige werden rein, den Tauben werden die Ohren geöffnet, Tote stehen auf, und Armen wird das Evangelium verkündigt"** (Matthäus 11,5). Der Messias **kam**, um zu erlösen, und jetzt **kommt** Er, um zu richten.

Irdischer und himmlischer Tempel

Und die, welche als Überwinder hervorgegangen waren über das Tier und über sein Bild und über sein Malzeichen, über die Zahl seines Namens, standen an dem gläsernen Meer und hatten Harfen Gottes.

Hier sind die Überwinder schon am gläsernen Meer, im Heiligtum, wo auch der Brandopferaltar steht - symbolisch verstanden - gereinigt und vollendet. Der irdische Tempel ist übrigens ein Abbild des himmlischen und nicht umgekehrt. Das ist selbstverständlich. Moses hat die Stiftshütte - damals war es noch nicht der Tempel, denn dieser kam erst bei Salomo - eingerichtet. Die Stiftshütte enthielt die Bundeslade, in welcher

- die Gesetzestafeln der Zehn Gebote,
- der Aaronstab, der gegrünt hatte, um das Priestertum zu bestätigen,
- das Manna, mit dem Gott die Israeliten in der Wüste versorgt hatte

lagen. Das ist alles nur das Abbild dessen, wovon das Urbild im Himmel ist (vgl. Hebräer 9,24). Das Urbild ist nicht mit Steinen gemacht wie der salomonische Tempel, sondern in geistlicher herrlicher Weise. Im himmlischen Tempel ist Gott selbst das Zentrum. Er ist das Licht, und es braucht dort keine Sonne mehr (Offenbarung 21f.). Immer wieder wird behauptet: „Es kann doch nicht sein, dass die Schöpfungstage 24-Stunden-Tage sind, weil die Sonne und die Himmelskörper erst am 4. Tag erschaffen wurden." Wenn ich aber lese, dass Gott selbst das Licht ist und auch das Licht schuf, das alles beleuchten sollte, ist es doch für Gott gar kein Problem, dass Er, wenn Er selbst auch Licht ist, schon vor der Sonne ein Licht schaffen konnte. Ich denke, wie blind und kurzsichtig müssen solche Leute sein, die sagen: „Erst nachdem die Sonne da war, konnten es 24-Stunden-Tage sein." Beim HERRN ist alles möglich. Er hätte die Welt auch in einer Sekunde erschaffen können. Und die Urknall-Theorie beruht ja letztendlich auf dieser Vorstellung. Wie blind sind manche Menschen für Gottes Herrlichkeit und Weisheit! Wir wollen für alles, was Er uns schenkt, dankbar sein. Auch unsere Erkenntnis ist Stückwerk.

Das Siegeslied des Mose

Die Überwinder stehen am gläsernen Meer und haben Harfen Gottes. Offenbarung 15,3: **Und sie singen das Lied**

Moses, des Knechtes Gottes, und das Lied des Lammes und sprechen: „Groß und wunderbar sind Deine Werke, o HERR, Gott, Du Allmächtiger! Gerecht und wahrhaftig sind Deine Wege, Du König der Heiligen!"

Sie singen das Lied der Erlösten. Die Harfe ist ein wunderbares Instrument. Auch die irdische Harfe ist nur ein Abglanz der himmlischen. Das wird eine unbeschreiblich schönere Musik sein, als sie alle irdischen Instrumente hervorbringen können. Wir dürfen uns schon jetzt auf diese himmlische Musik freuen. Die Erlösten singen dann zwei Lieder: Das Lied Moses, des Knechtes Gottes, und das Lied des Lammes. Das Lamm wird nicht als Knecht bezeichnet, weil es ja der Sohn Gottes ist. Aber Moses ist der Knecht Gottes, der die gewaltige Offenbarung für den Alten Bund bekommen hat, die Verordnungen, wie etwa auch die Zehn Gebote. Das Lied des Mose steht im Zusammenhang mit dem Sieg über den Pharao. Der Pharao ist im 2. Mosebuch auch als Bild für den Teufel zu verstehen, der das Volk knechtet, der es in seiner Hand hält, der es nicht loslassen und der unter allen Umständen verhindern will, dass es frei kommt. Der Teufel versucht dies immer bei den Menschen. Er versucht, uns mit seiner Knute zu knechten. Gott aber hat Sein Volk in wunderbarer Weise befreit und durchs Schilfmeer geführt. In 2. Mose 15 ist das Lied des Mose beschrieben. Daraus ein paar Auszüge:

2. Mose 15,1–6: **Ich will dem HERRN singen, denn hoch erhaben ist Er. Ross und Reiter hat Er ins Meer gestürzt. Der HERR ist meine Stärke und mein Lobgesang, und Er wurde mir zum Heil. Das ist mein starker Gott. Ich will Ihn preisen. Er ist der Gott meines Vaters, ich will Ihn erheben. Der HERR ist ein Kriegsmann,** (Das wollen heute viele Friedensbewegungen nicht hören.) **HERR ist Sein Name. Die Streitwagen des Pharao und seine Heeresmacht warf Er ins Meer. Seine auserlesenen Wagenkämpfer sind im Schilfmeer versunken. Die Tiefe hat sie bedeckt, sie sanken auf den Grund wie ein Stein! HERR, Deine Rechte ist mit Kraft geschmückt, Deine Rechte hat den Feind zerschmettert. Und mit Deiner großen Macht hast Du Deine Widersacher vertilgt.** 2. Mose 15,18: **Der HERR herrscht als König für immer und ewig.**

Dies kennzeichnet den Sieg über alle Widersacher Gottes. Deshalb wird das Lied des Mose gesungen. Der HERR nimmt nun Seine heilige und gerechte (keine unheilige und ungestüme!) Rache an denen, die die Gemeinde verfolgt haben, die die Anhänger Jesu, die Jünger und Jüngerinnen, gequält haben. Es ist die Rache, die Seiner vollkommenen Gerechtigkeit entspricht.

Das Siegeslied des Lammes

Und was ist das Lied des Lammes? Es ist das Lied, das in Offenbarung 5,9–10 schon beschrieben wurde. Es wird in Vers 8 „Das Lied der Heiligen" genannt.

Offenbarung 5,9: **Und sie singen ein neues Lied, indem sie sprechen: „Du bist würdig, das Buch zu nehmen und seine Siegel zu öffnen; denn Du bist geschlachtet worden und hast uns für Gott erkauft mit Deinem Blut aus allen Stämmen und Sprachen und Völkern und Nationen."**

Wer ist es? Allein das Lamm, das überwunden hat. Das Lamm wird einige Verse vorher als der Löwe aus dem Stamme Juda, die Wurzel Davids beschrieben. Lamm und Löwe sind dieselbe Person, der Sohn Gottes, Jesus Christus:

- Der Löwe als der Sieger, der alle Feinde überwunden hat
- Das Lamm, das zu unserer Erlösung verblutet ist

Offenbarung 5,10: „**Und Du hast uns zu Königen und Priestern gemacht für unseren Gott; und wir werden herrschen auf Erden.**" Auch hier klingt schon etwas vom Tausendjährigen Reich an. Denn es heißt „**herrschen auf Erden**".

Aber wir werden natürlich auch im neuen Himmel und auf der neuen Erde herrschen. Wir können das gar nicht völlig trennen. Das Tausendjährige Reich sehe ich als Vorstufe zur himmlischen Vollendung. Es ist eine letzte Prüfungszeit. Am Schluss wird Satan noch einmal losgelassen, und dann erfolgt der Aufruhr von Gog und Magog (Offenbarung 20).

Dieses Lied des Lammes ist wunderbar. Wer schon einmal ein Lämmlein gesehen hat, bemerkt, dass es ganz anders ist als andere Tiere, die geschlachtet werden sollen. Andere Tiere, wie Schweine und Rinder, schreien und wehren sich und kämpfen dagegen an. Aber das Lamm geht still zur Opferung. Es gibt sein Leben hin. Und deshalb hat auch der HERR Jesus Christus nicht widergescholten, als Er gescholten wurde. Er hat nicht gestritten mit Seinen Feinden. Er hat ihnen auch nichts mehr geantwortet, außer dem Heiden Pilatus. Den jüdischen Führern hat Er nichts geantwortet. Mit Pilatus hat Er dagegen einige Gespräche geführt. Jesus Christus ist als das sündlose, schweigende, geduldige und liebende Opferlamm zur Schlachtbank gegangen. Und Er ist würdig, die Siegel zu öffnen. Es ist genau dieses Opferlamm, das den damaligen Führern so machtlos erschien. Aber Er hätte alle Macht gehabt, sie mit einem Hauch Seines Mundes zu vertilgen. Gemäß Jesaja 53 hat Er dieses Opfer aus Liebe zu uns auf sich genommen. Das ist wunderbar; dafür wollen wir Ihn preisen!

Gott richtet gerecht

Sie singen also das Lied des Lammes ... **und sprechen: „Groß und wunderbar sind Deine Werke, o HERR, Gott, Du Allmächtiger! Gerecht und wahrhaftig sind Deine Wege, Du König der Heiligen!"**

Du Allherrscher, Du „pantokrator", steht hier. Jetzt tritt Gott öffentlich sichtbar Seine Macht an, und der Sohn Gottes zeigt sich als Der, der Er wirklich ist, nämlich Der, welcher zur Rechten des Vaters herrscht und der nach dem Weltgericht dem Vater alle Macht, alle Herrschaft, alles Reich übergibt, nachdem die Feinde unter Seine Füße gelegt worden sind (1. Korinther 15,24)

Ich möchte noch einmal betonen, dass Gott nicht ungerecht richtet, sondern völlig gerecht, völlig im Einklang mit Seinen prophetischen Voraussagen, auch mit Seinen Warnungen, die Er den Ungläubigen rechtzeitig gegeben hat - zuletzt durch das ewige Evangelium, das noch einmal ausgerufen wurde.

Offenbarung 15,4: **Wer sollte Dich nicht fürchten, o HERR, und Deinen Namen nicht preisen? Denn Du allein bist heilig. Ja, alle Völker werden kommen und vor Dir anbeten, denn Deine gerechten Taten sind offenbar geworden.**

Heilige Ehrfurcht vor Gott steht uns an, aber Lob Seines Namens für die Erlösung. **„Denn Du allein bist heilig"**, das heißt: abgesondert von der Welt. Er ist es, der der gefallenen Menschheit allein die Reinigung von oben schenken kann, der die Schöpfung in einem neuen Himmel und einer neuen Erde erneuern wird. Nach dem Tausendjährigen Reich wird alles vollends vergehen. Die alte Schöpfung wird abgebrochen. Gott spricht: **„Siehe, Ich mache alles neu"** (Offenbarung 21).

„Ja, alle Völker werden kommen und vor Dir anbeten, denn Deine gerechten Taten sind offenbar geworden" - Das lesen wir dann wieder in Offenbarung 20, im Blick auf das Tausendjährige Reich.

Vorbereitung der Zornschalengerichte

Offenbarung 15,5: **Und nach diesem sah ich: Und siehe, der Tempel des Zeltes des Zeugnisses im Himmel wurde geöffnet.**

Dies ist der Tempel der Stiftshütte, wörtlich **„Tempel des Zeltes des Zeugnisses"**, „ho naos tes skenes tou martyriou". Letzteres kann auch das Blutzeugnis bedeuten. Aber zunächst ist damit das Zeugnis Gottes gemeint, als Er die Offenbarung, die Er bereits Moses gegeben hat, hier auf Erden geschenkt hat.

Die Zeugnisse von Gottes Gegenwart lagen in der Bundeslade in der Stiftshütte, wie ich es schon erwähnt habe. Aber hier geht es um den Tempel des Zeugnisses im Himmel, wo auch das Blutzeugnis aller Märtyrer verwahrt ist. Dieser Tempel wird geöffnet, und daraus kommen nun die Gerichtsengel. Sie werden ausführlich beschrieben:

Offenbarung 15,6: **Und die sieben Engel, welche die sieben Plagen hatten, kamen hervor aus dem Tempel, bekleidet mit reiner und glänzender Leinwand und um die Brust gegürtet mit goldenen Gürteln.**

- Sie bringen die sieben Plagen.
- Gott sendet sie. Sie kommen nicht aus eigenem Antrieb. Es ist Gottes Auftrag.
- Sie sind bekleidet mit reiner und glänzender Leinwand. Es sind keine gefallenen Engel. Sie sind rein und heilig. Sie haben Gott dem HERRN als dienstbare Geister die Treue gehalten - und sind nicht als aufrührerische Wesen, die selbst wie Gott sein wollten, von Ihm abgefallen.

- Sie tragen goldene Gürtel. Sie besitzen Majestät und Königswürde. Sie stehen natürlich nicht an der Stelle des Königs selbst, sondern sind Repräsentanten des Königs. Sie sind Diener, nichts weiter.

Offenbarung 15,7: **Und eines der vier lebendigen Wesen gab den sieben Engeln sieben goldene Schalen voll von der Zornglut Gottes, der lebt von Ewigkeit zu Ewigkeit.**

Die vier lebendigen Wesen sind die Cherubim, die sich an Gottes Thron befinden. Man kann auch sagen: Gott selbst wirkt durch diese Cherubim. Die sieben Schalen sind Phiolen. Es handelt sich um flache Schalen, die sehr schnell ausgeleert werden. Es sind also keine tiefen Schalen oder Kelche. Von daher erklärt sich auch die schnelle Abfolge der Zornschalengerichte. Sie sind **„voll von der Zornglut Gottes"**. Dann folgt der Hymnus: **„der lebt von Ewigkeit zu Ewigkeit"**. Noch einmal wird hier die absolute Souveränität und Allmacht Gottes, gerade inmitten des Zorns, bezeugt.

Es gab

- eine flache Schale für das Weinopfer (Amos 6,6)
- eine Schale für das Blutopfer (2. Mose 27,3)

Diese Schalen waren im Alten Testament schon als flach gekennzeichnet. Und diese Schalen treten jetzt hier als Zornschalen auf.

Das letzte Wort ist gesprochen, die Gerichte brechen los

Offenbarung 15,8: **Und der Tempel wurde erfüllt mit Rauch von der Herrlichkeit Gottes und von Seiner Kraft; und niemand konnte in den Tempel hineingehen, bis die sieben Plagen der sieben Engel vollendet waren.**

Das ist die Theophanie, die Gotteserscheinung im Tempel. Auffallend ist, dass keiner mehr hinzutreten kann. Es wird in Hiob 1 beschrieben, dass selbst der Satan noch Zugang zum Thron Gottes hatte, um mit Ihm über den Hiob zu streiten. „Meinst Du, dass Hiob Dich umsonst liebt? Ich will ihn prüfen und versuchen", sagte Satan damals zu Gott. Gott ließ diese Prüfung zu, befahl aber: „Taste sein Leben nicht an!" Satan durfte Hiob alles nehmen, außer seinem Leben. Hiob ist nicht zum Atheisten geworden. Er hat Gott die Treue gehalten. Aber nun hat keiner mehr Zugang zum Thron Gottes, Satan ohnehin nicht; aber auch niemand mehr, der dieses verhindern könnte, was jetzt geschieht. Es ist beschlossen. Es gibt kein Zurück mehr. Der Zorn Gottes ist „teleios", vollendet, zum Ziel gekommen. Es wird jetzt auch kein ewiges Evangelium mehr verkündigt. An dieser Stelle kann auch keine Fürbitte mehr zum Thron Gottes gelangen. Jetzt ist das allerletzte Wort gesprochen. Jetzt werden die Zornschalen ausgeschüttet. Gottes Kraft erweist sich nun im Gericht. Niemand kann in den Tempel hineingehen, bis der Zorn Gottes vollendet ist.

Hier stellt sich die Frage an uns: Erzittern wir im Anblick von Gottes Reinheit, Gerechtigkeit und Majestät? Betrachten wir Gott nicht als Kumpel, wie es in manchen Kreisen heutzutage geschieht, wie es in manchen evangelikalen Veranstaltungen zugeht? Das Allerschlimmste sind gotteslästerliche Bibelverfälschungen. Solches wird Gott nicht ungestraft lassen. Gott ist rein, heilig, gerecht und allmächtig. Wir wollen Ihm alle Ehre geben. Amen.

Die sieben Zornschalen Gottes
Offenbarung 16

Wir wissen, dass es in der Offenbarung verschiedene Reihen von Gerichten in ständiger Steigerung gibt. Am Anfang waren es die Siegelgerichte. Aus dem siebten Siegelgericht geht die Reihe der Posaunen- oder Trompetengerichte hervor. Und aus der siebten Posaune geht nun die Reihe der sieben Zornschalengerichte hervor. Aber es wird immer wieder die Gemeinde der Erlösten eingeblendet, die zur Zeit der siebten Posaune entrückt wird und die im Himmel den HERRN mit den Harfen preist, wie es im Lied des Lammes so schön beschrieben wird (Offenbarung 15). Aber jetzt ist die Zornglut Gottes über die gottlose Menschheit auf Erden entbrannt. Rauch steigt in Seinem Tempel auf, die Herrlichkeit Gottes offenbart sich. Und niemand kann in den Tempel hineingehen, bis die sieben Plagen der sieben Engel vollendet sind.

Und ich hörte eine laute Stimme aus dem Tempel, die sprach zu den sieben Engeln: „Geht hin und gießt die Schalen des Zornes Gottes aus auf die Erde!" Und der erste ging hin und goss seine Schale aus auf die Erde. Da entstand ein böses und schmerzhaftes Geschwür an den Menschen, die das Malzeichen des Tieres hatten und die sein Bild anbeteten. Und der zweite Engel goss seine Schale aus in das Meer; und es wurde zu Blut wie von einem Toten, und alle le-

bendigen Wesen starben im Meer. Und der dritte Engel goss seine Schale aus in die Flüsse und in die Wasserquellen, und sie wurden zu Blut. Und ich hörte den Engel der Gewässer sagen: „Gerecht bist Du, o HERR, der Du bist und warst und der Heilige bist, dass Du so gerichtet hast. Denn das Blut der Heiligen und Propheten haben sie vergossen, und Blut hast Du ihnen zu trinken gegeben; denn sie verdienen es. Und ich hörte einen anderen vom Altar her sagen: „Ja, o HERR Gott, Du Allmächtiger, wahrhaftig und gerecht sind Deine Gerichte."

Und der vierte Engel goss seine Schale aus auf die Sonne. Und ihr wurde gegeben, die Menschen mit Feuer zu versengen. Und die Menschen wurden versengt von großer Hitze; und sie lästerten den Namen Gottes, der Macht hat über diese Plagen, und sie taten nicht Buße, um Ihm die Ehre zu geben.

Und der fünfte Engel goss seine Schale aus auf den Thron des Tieres; und dessen Reich wurde verfinstert; und sie zerbissen ihre Zungen vor Schmerz. Und sie lästerten den Gott des Himmels wegen ihrer Schmerzen und wegen ihrer Geschwüre, und sie taten nicht Buße von ihren Werken. Und der sechste Engel goss seine Schale aus auf den großen Strom Euphrat; und sein Wasser vertrocknete, damit den Königen vom Aufgang der Sonne der Weg bereitet würde. Und ich sah aus dem Maul des Drachen und aus dem Maul des Tieres und aus dem Maul des falschen Propheten drei unreine Geister herauskommen, gleich Fröschen. Es sind nämlich dämonische Geister, die Zeichen tun und ausgehen zu den Königen der Erde und des ganzen Erdkreises, um sie zum Kampf zu versammeln an jenem großen Tag Gottes, des Allmächtigen. Siehe, Ich komme wie ein Dieb! Glückselig ist, wer wacht und seine Kleider bewahrt, damit er nicht entblößt einhergeht und man seine Schande sieht!

Und er versammelte sie an dem Ort, der auf Hebräisch Harmagedon heißt. Und der siebte Engel goss seine Schale aus in die Luft; und es ging eine laute Stimme aus vom Tempel des Himmels, vom Thron her, die sprach: „Es ist geschehen!" (oder auch „Es ist geworden".) Und es geschahen Stimmen und Donner und Blitze, und ein großes Erdbeben

geschah, wie es dergleichen noch nie gegeben hat, seit es Menschen gab auf Erden, ein solch gewaltiges und großes Erdbeben. Und die große Stadt wurde in drei Teile zerrissen, und die Städte der Heidenvölker fielen, und Babylon, der Großen, wurde vor Gott gedacht, damit Er ihr den Becher des Glutweines Seines Zornes gebe. Und jede Insel entfloh, und es waren keine Berge mehr zu finden. Und ein großer Hagel, wie mit zentnerschweren Steinen, kam aus dem Himmel auf die Menschen herab; und die Menschen lästerten Gott wegen der Plage des Hagels, weil seine Plage sehr groß war.

Überblick

Diese sieben Plagen sind die letzten Plagen. Es ist die Vollendung des Zornes Gottes. Es gibt jetzt kein Zurück mehr. Sie erfolgen in einem schnellen Ablauf. In einem Staccato-Rhythmus gehen diese Plagen über die von Gott abgefallene Welt hinweg, über die Welt des Antichristen und seines falschen Propheten.

Wie gut, dass die Gemeinde das nicht mehr miterleben muss, sondern zu dieser Zeit schon Gott im Himmel loben darf! Aber wie schlimm wird es für die Menschen, die nicht Buße getan haben, die jetzt immer noch mehr lästern, die das Malzeichen des Tieres tragen und sein Bild anbeten. Sie wird dieses Gericht voll treffen. Aber der HERR hat die Tage um der Auserwählten willen verkürzt, dass sie das nicht mehr erleben müssen. Wenn die Schlacht von Harmagedon in dieser Zeit erfolgt, wird sich Israel bekehren. Gemäß Sacharja 12 bis 14 werden die Menschen in Israel auf Den sehen, den sie durchbohrt haben. Ich komme darauf noch zurück.

Es ist die Vorbereitung des Tausendjährigen Reiches, in dem die entrückte Gemeinde und die Erlösten aus Israel mit Christus über die erneuerte Erde herrschen werden. Diese wird durch die kosmischen Katastrophen, die hier beschrieben sind, gereinigt. Wir wissen ja von dem neuen Himmel und der neuen Erde, die in Offenbarung 21 beschrieben werden. Doch zuvor ereignen sich erst noch die Schlacht von Harmagedon und die Aufrichtung des Tausendjährigen Friedensreiches Jesu Christi auf Erden (Offenbarung 20,1–6). Anschließend wird Satan noch einmal losgelassen. Gog und Magog machen einen letzten Aufstand. Dies wird eine Prüfung sein, ob diejenigen, die im Tausendjährigen Reich gelebt haben, wirklich den HERRN lieb haben oder nicht. Nachdem diese Prüfung vollzogen ist, wird das letzte Gericht über die Ungläubigen erfolgen, die nicht in die erste Auferstehung des Lebens kommen durften. Diese müssen dann die Auferstehung des Gerichts erleben und werden nach ihren Werken gerichtet. So lesen wir es in Offenbarung 20.

Parallelen und Unterschiede zwischen Posaunen- und Zornschalengerichten

Wenn wir die sieben Zornschalengerichte mit den vorausgegangenen sieben Posaunengerichten vergleichen, erkennen wir interessante Parallelen; übrigens auch mit den Plagen in Ägypten im 2. Mosebuch. Darauf komme ich noch zurück. Wir sehen, dass es sowohl bei den Posaunengerichten als auch bei den Zornschalengerichten eine Einführung gibt: ein Vorspiel im Himmel:

- Bei den Posaunengerichten die Gebete der Heiligen, die fragen: „Wie lange noch, o HERR?"
- Bei den Schalengerichten das Lied der Sieger aus Offenbarung 15.

Bei den Posaunen besteht die erste Plage darin, dass - gewissermaßen aufgrund der Gebete der vollendeten Märtyrer und ihrer Frage: „HERR, wann greifst du ein?" - das Blut, das geflossen ist, direkt in Feuer und Hagel verwandelt wird, die auf die Erde geworfen werden. Bei der ersten Posaune ist ein Drittel der Bäume verbrannt und alles grüne Gras (Offenbarung 8). Nun wird aber beim ersten Zornschalengericht die Schale direkt auf die Erde gegossen, und sie bringt Geschwüre auf die Menschen. Bei der Trompete oder Posaune werden Hagel und Feuer auf die Erde geworfen - und nun die Schale selbst. Hier geht es direkt an die Menschen. Es ging auch schon bei anderen Gerichten an die Menschen, aber nun auf besondere Weise. Es betrifft nur die, die das Malzeichen angenommen haben, die dann in dieser Zeit leben und nicht hinweggenommen werden konnten.

Bei der zweiten Posaune war es so, dass ein Drittel des Meeres zu Blut wurde und ein Drittel der Meereswesen gestorben ist. Bei der zweiten Zornschale wird der Steigerung entsprechend das ganze Meer zu Blut, und alle Lebewesen im Meer sterben. Es ist der Abbruch dessen, was in der antichristlichen Welt noch bestanden hat.

Die dritte Posaune sprach davon, dass ein Drittel der Flüsse und Quellen zu Wermut, also ungenießbar wurde. Und viele Menschen starben an dem Wasser, wenn sie trotzdem davon getrunken hatten. Nun aber werden alle Flüsse und Quellen zu Blut. Es ist das Blut der Heiligen, das gerächt wird, wenn der HERR spricht: **„Mein ist die Rache"**, die gerechte Rache Gottes.

Bei der vierten Posaune war es so, dass die Sonne und die Gestirne zu einem Drittel verfinstert wurden. Nun aber, bei der vierten Zornschale wird die Sonne so stark, dass sie die Menschen mit Feuer versengt. Dort gab es eine Finsternis, aber hier wird die Kraft der Sonne verstärkt. Das wirkt sich wiederum auf die Menschen so aus, dass sie Schmerzen erleiden müssen.

Bei der fünften Posaune war es so, dass Heuschrecken beschrieben wurden, die so zahlreich waren, dass sie die Sonne verfinsterten und bei den Menschen Qualen verursachten. Ich lege sie als dämonische Heere, aber wohl auch als Kriegsheere aus, die im Bild der Heuschrecken in Offenbarung 9, bei der fünften Posaune, dargestellt wurden. Bei der fünften Zornschale ist auch von Finsternis die Rede. Die Wesenheit des Reiches des Tieres, des Antichristen, wird offenbart, nämlich Finsternis. Und wiederum befallen Qualen die Menschen.

Bei der sechsten Posaune war es so, dass die vier Gerichtsengel am großen Strom Euphrat losgebunden wurden und ein Drittel der Menschen getötet wurde. Jetzt aber wird der große Fluss Euphrat ausgetrocknet, und es kommt zur Schlacht von

Harmagedon, bei der sämtliche Feinde Gottes fallen werden und bei der es ein schreckliches Blutbad geben wird.

Bei der siebten Posaune ist der Sieg Gottes verkündet worden. Die Reiche unseres HERRN sind geworden. Es kamen Blitze, Stimmen, Donner, Erdbeben und Hagel. Und so geschieht es auch wiederum bei der siebten Zornschale: Blitze, Stimmen, Donner, Erdbeben und Hagel. Aber das ist nun die Vollendung des Gerichts.

Parallelen und Unterschiede zu den ägyptischen Plagen

Es ist göttliche Weisheit, wie Gottes Wort angeordnet ist. Es besitzt alles genau eine Entsprechung und eine Steigerung. Jeder Buchstabe und jedes Wort ist wichtig in der Heiligen Schrift und inspiriert. Kein Mensch hätte das in dieser Präzision niederschreiben können. Wenn wir die Zornschalengerichte mit den ägyptischen Plagen vergleichen, erkennen wir auch manche Parallelen; zwar nicht direkt im Ablauf von der ersten bis zur zehnten Plage und der ersten bis siebten Zornschale; aber doch tauchen einige dieser Plagen, die bei den früheren Plagen schon erschienen sind, wie z. B. die Heuschrecken, wieder auf:

- Die Beulen, die die Ägypter befallen hatten
- Das Wasser, das zu Blut geworden war
- Die Finsternis, als vorletzte Plage vor der Tötung der Erstgeburt
- Der Hagel, der Tod und Verderben mit sich brachte

Damals war es so, dass Pharao sein Herz verstockt hatte, dass er den Gott Israels gelästert hatte und nichts von Ihm wissen wollte. Auch hier ist es so, dass die Menschen, die dem neuen Pharao (ein Pharao ist ja auch ein Bild für den Antichristen, schon im Alten Bund ein Typus) huldigen und Gott lästern. Sie sind von diesem dämonischen Geist inspiriert und tun nicht Buße. Das haben wir mit Entsetzen gelesen.

Diese Parallelen wollte ich am Anfang zur Kenntnis geben. Nun wollen wir alles von Vers zu Vers näher betrachten.

Die erste Zornschale: Böse Geschwüre an den Anhängern des Antichristen

Offenbarung 16,1: **Und ich hörte eine laute Stimme** (Es ist die **megale**, die große Stimme Gottes) **aus dem Tempel, die sprach zu den sieben Engeln: „Geht hin und gießt die Schalen des Zornes Gottes aus auf die Erde!"**

Hier erfolgt der direkte Auftrag an die ausführenden Engel, die nun auftreten.

Offenbarung 16,2: **Und der erste ging hin und goss seine Schale aus auf die Erde. Da entstand ein böses und schmerzhaftes Geschwür an den Menschen, die das Malzeichen des Tieres hatten und die sein Bild anbeteten.**

Alle, die in dieser Zeit noch auf Erden leben und das Malzeichen angenommen haben, werden von einem Geschwür befallen. Dazu zunächst ein Blick auf die sechste Plage in Ägypten.

2. Mose 9,8–12: **Da sprach der HERR zu Mose und Aaron: „Nehmt eure Hände voll Ofenruß, und Mose soll ihn zum Himmel werfen vor den Pharao. Dann wird er über dem**

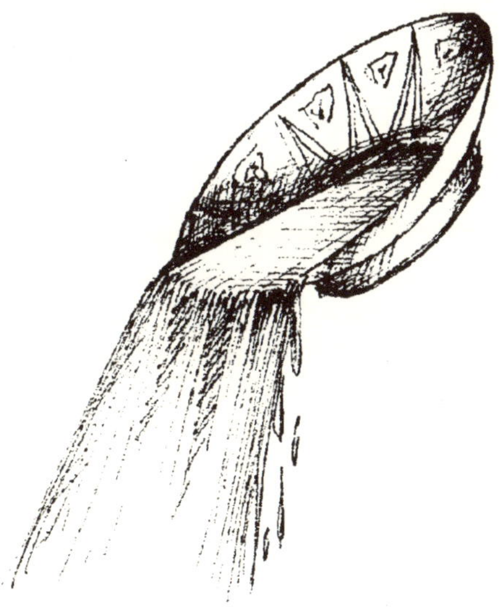

ganzen Land Ägypten zu Staub werden, und er wird zu Geschwüren werden, die als Blattern aufbrechen an Menschen und Vieh im ganzen Land Ägypten." Da nahmen sie Ofenruß und traten vor den Pharao, und Mose warf ihn zum Himmel. Da wurden Geschwüre daraus, die als Blattern aufbrachen an Menschen und Vieh, so dass die Zauberer nicht vor Mose treten konnten wegen der Geschwüre; denn die Geschwüre waren an den Zauberern ebenso wie an allen anderen Ägyptern. Aber der HERR verstockte das Herz des Pharao, dass er nicht auf sie hörte, so wie der HERR es Mose gesagt hatte.

In der Endzeit ist davon eine Parallele, sogar mit einer Steigerung, zu finden. Auch hier wird es eine Verstockung geben, so wie damals in Ägypten, als der HERR dafür gesorgt hat, dass sich das Herz des Pharao verstockte. Wenn der Mensch sich dauerhaft gegen Gottes Mahnung, gegen Gottes einladendes Wort verschließt, dann kommt der Zeitpunkt, an dem es kein Zurück mehr gibt. So war es beim Pharao. Dann heißt es, dass der HERR selbst ihn verstockt und Sein Gericht zur Befreiung Seines Volkes erwiesen hat. So ist es auch hier: Die einen, die nicht Buße getan haben; werden in dieses Gericht kommen - und die anderen werden aus dem Gericht herausgenommen und beim HERRN sein dürfen.

Erneute Warnung vor der Annahme des Malzeichens

Es wird eindeutig ein Geschwür an den Anhängern des Antichristen sein. Sie werden Schmerzen erleiden müssen, aber sie werden nicht gleich sterben. Trotzdem tun sie nicht Buße. Ähnliches kommt immer wieder auch in den folgenden Plagen vor.

Manche denken, dass dieses Malzeichen in Form eines Chips, mit einer Einfügung von Daten in Verbindung stehen könnte. Man kennt heute diese Technik, dass man Menschen überall da, wo sie sind, orten und ihre Daten zur totalen Kontrolle einspeichern kann. Diese Kontrolle kommt immer mehr, z. B. in Form der Identifikationsnummer, die die Finanzämter verschicken. Alles braut sich jetzt zusammen. Man ist nur noch eine Nummer, in der alle Informationen über den betreffenden Menschen innerhalb eines Datenspeichers, etwa in Form eines Chips, gesammelt sind. Dieser Chip kann eintätowiert oder eventuell sogar eingebrannt werden. Es hängt möglicherweise mit der Zahl des Tieres zusammen.

Ein Forscher, der selbst an der Entwicklung des Chips beteiligt war, hat festgestellt, dass dieser mit Lithium-Energie gespeist wird, mit Minibatterien, welche Krebs auslösend sind. Wer den Chip trägt, kann früher oder später Krebs bekommen. Das ist eine interessante Sache und eine sehr irdische Erklärung, die uns aber zeigt, dass alles zusammenpasst. Wer das Malzeichen annimmt, wird ein Geschwür bekommen, sei es jetzt wirklich auf diese Weise oder auf eine andere Art, die noch in Gottes Zulassungsrat verborgen und Sein Geheimnis ist. Ich wollte dies nur als Illustration darstellen, wie die Geschwüre, die an den Menschen aufbrechen, die das Malzeichen annehmen, auch eine ganz natürliche Erklärung haben könnten.

Die Frage stellt sich an uns: Lehnen wir die Annahme des Malzeichens unter allen Umständen ab? Da soll sich jeder prüfen: Das ist heilsentscheidend! Wer das Malzeichen freiwillig annimmt, kann nicht gerettet werden. Er kann es auch nicht mehr rückgängig machen; das sagt die Heilige Schrift eindeutig.

Die zweite Zornschale: Das Meer wird zu Blut

Offenbarung 16,3: **Und der zweite Engel goss seine Schale aus in das Meer; und es wurde zu Blut wie von einem Toten, und alle lebendigen Wesen starben im Meer.**

Dazu lesen wir die Parallele zur ersten Plage in Ägypten: 2. Mose 7,20-21: **Und Mose und Aaron machten es so, wie es ihnen der HERR geboten hatte. Und er erhob den Stab und schlug vor dem Pharao und seinen Knechten das Wasser, das im Nil war. Da wurde alles Wasser im Nil in Blut verwandelt. Und die Fische im Nil starben, und der Nil wurde stinkend,**

so dass die Ägypter das Nilwasser nicht trinken konnten; und das Blut war im ganzen Land Ägypten.

Es heißt in diesem Zusammenhang übrigens, dass sich das Blut auch in den Trinkgefäßen befand und nicht nur im Fluss. Es gab überhaupt kein genießbares Wasser mehr. Aber diese Plage war damals in Ägypten zeitlich begrenzt. Sie hörte nach einer bestimmten Zeit auf. Doch in der Endzeit wird es eine sehr schnelle Steigerung geben, bei der ein Gericht aus dem anderen folgen wird. Die Frage ist natürlich, ob dann noch Wasservorräte existieren, die nicht betroffen sind, wenn das Meer zu Blut wird. Wir hören bei der dritten Zornschale, dass auch die anderen Gewässer zu Blut werden. Es steht nicht da, ob dies auch in allen Trinkgefäßen und Zisternen der Fall sein wird. Aber bei der ägyptischen Plage war es so. Wenn es immer weniger oder vielleicht gar kein trinkbares Wasser mehr geben wird, denke ich, werden die Plagen schnell aufeinander folgen. Sonst wären die Menschen vielleicht schon verdurstet, bevor die nächste Plage eintrifft. Daraus kann man schließen, dass die Plagen in der zweiten Hälfte der Trübsalszeit in schneller Abfolge geschehen werden.

Die erste Plage in Ägypten entspricht der zweiten und dritten Zornschale, weil zunächst das Wasser im Meer und dann auch die Süßwasserquellen davon betroffen sind. Die erste Plage in Ägypten war begrenzt; aber hier wird sie total und bleibend sein. Das ist jedenfalls anzunehmen. Gott entzieht dieser abgefallenen Menschheit ihre Lebensgrundlagen. Nachdem sie das Geschwür tragen, werden sie kein Wasser haben, um sich zu reinigen. Sie werden kein Wasser finden, um ihren Durst zu löschen, der durch die sengende Sonne noch verstärkt wird.

Die dritte Zornschale: Die Flüsse und Wasserquellen werden zu Blut

Offenbarung 16,4: **Und der dritte Engel goss seine Schale aus in die Flüsse und in die Wasserquellen, und sie wurden zu Blut.**

Nun kommt eine Erklärung, ein Einschub zwischendurch, um zu sagen, warum Gott dies tut. Er macht es nicht aus Lust, um Leute zu quälen, sondern es hat in Gottes Gerechtigkeit einen Sinn. Es ist Gottes absolute heilige Gerechtigkeit: Offenbarung 16,5: **Und ich hörte den Engel der Gewässer sagen: „Gerecht bist Du, o HERR, der Du bist und warst und der Heilige bist, dass Du so gerichtet hast."**

Übrigens heißt es hier nicht: „Der Du bist, der Du warst und der Du kommst", sondern jetzt *ist* Gott ja in Seiner vollkommenen Gerechtigkeit erschienen. Er hat sich geoffenbart in dieser Weise Seines Gerichtes. Jetzt ist alles eingetreten. Die Vollendung steht unmittelbar bevor. Der erste Weheengel steht schon im Zenit, da wo es Punkt zwölf ist. Da gibt es keinen Aufschub, keine Frist mehr. Es heißt ja: **„Es wird keine Frist mehr sein"**, kein „chronos", also keine verbleibende Zeit. Jetzt läuft alles in schneller Abfolge ab.

Warum das Wasser zu Blut wird

Jetzt wird der Grund dafür abgegeben, warum das Wasser überall zu Blut wird: Offenbarung 16,6: **Denn das Blut der Heiligen und Propheten haben sie vergossen, und Blut hast Du ihnen zu trinken gegeben; denn sie verdienen es.**

Wie grausam haben sie die Heiligen, die Gläubigen verfolgt, schon von Anfang an! Der erste Mörder war Kain, der seinen unschuldigen Bruder Abel ermordet hat (1. Mose 4). Gott hatte Abels Gottesdienst gnädig angesehen, aber Kains Gottesdienst nicht, weil dieser sein Opfer wahrscheinlich aus einer falschen inneren Haltung heraus oder kein Gott wohlgefälliges Opfer (vgl. 1. Mose 3,21 in Verbindung mit Hebr. 9,22) dargebracht hat. Er wollte Gott wahrscheinlich nicht wirklich damit dienen, sondern vielleicht nur sein Gewissen beruhigen oder sich einen Namen machen. So könnte man annehmen. Aber jedenfalls: Mit Kain fing das Morden an.

Viele der Gerechten, viele der Heiligen wurden getötet. Dies geschieht auch heute in etlichen Ländern. In diesem Vers werden ausdrücklich die Märtyrer, die Blutzeugen beschrieben, die unter dem Altar liegen und rufen: „Wann rächst Du unser Blut? Wie lange noch?" In Offenbarung 11,7 sind die zwei Zeugen genannt, die durch den Antichristen, den falschen Propheten und ihre Diener getötet wurden. In Hebräer 11,35-39 steht, was Gläubige im Alten und Neuen Bund um des HERRN willen erlitten haben und wie sie Ihm treu geblieben sind. Dieses Leiden ist unfassbar!

Hebräer 11,35–39: **Frauen erhielten ihre Toten durch Auferstehung wieder; andere aber ließen sich martern und nahmen die Befreiung nicht an, um eine bessere Auferstehung zu erlangen. Und andere erfuhren Spott und Geißelung, dazu Ketten und Gefängnis. Sie wurden gesteinigt, zersägt, versucht; sie erlitten den Tod durchs Schwert; sie zogen umher in Schafspelzen und Ziegenfellen, erlitten Mangel, Bedrückung Misshandlung. Sie, deren die Welt nicht wert war, irrten umher in Wüsten und Gebirgen, in Höhlen und Löchern der Erde. Und diese alle, obgleich sie durch den Glauben ein gutes Zeugnis empfingen, haben das Verheißene nicht erlangt, weil Gott für uns etwas Besseres vorgesehen hat, damit sie nicht ohne uns vollendet würden.**

Das sind zunächst einmal die Heiligen des Alten Bundes. Aber sie werden zusammen mit der erlösten Gemeinde des Neuen Bundes in die Herrlichkeit Gottes eingehen dürfen.

Gottes Gerichte sind gerecht. Blut gibt Er den Menschen zu trinken, weil sie das Blut der Heiligen vergossen haben. Da kommt wieder etwas zum Vorschein, was bereits im Alten Testament stand: **„Auge um Auge, Zahn um Zahn, Leben um Leben“** (vgl. 2. Mose 21,24). Nur wo der HERR Jesus in die Bresche tritt, ist dieser Kreislauf und dieses Gleichheitsprinzip, das Talionsprinzip durchbrochen. Aber für den, der das Opfer Jesu nicht annimmt, bleibt die eherne Gerechtigkeit Gottes bestehen. Es wird von ihm, von seinem Haupt eingefordert werden, was er an Gottes Geboten gebrochen hat, was er gegen Gottes Liebesordnung gefrevelt hat.

Getrost sein im Leiden

Offenbarung 16,7: **Und ich hörte einen anderen vom Altar** (das ist der Altar, wo sich die Blutzeugen befinden) **her**

sagen: „Ja, o HERR Gott, Du Allmächtiger (Du Allherrscher, „pantokator"), **wahrhaftig und gerecht sind Deine Gerichte."**

Dies ist eine weitere Bestätigung. Wenn jemand Zweifel haben sollte und fragt: „Ist es nicht grausam, was Gott in diesen Zornschalen tut?", muss man antworten: Nein, es ist wahrhaftig und gerecht. Man hört solche Bibelstellen kaum noch von den Kanzeln. Sie werden ausgelassen. Aber es steht im Wort Gottes. Und es heißt am Schluss der Offenbarung: **„Wer etwas hinweg tut, dem wird sein Anteil am Baum des Lebens hinweg getan."** Wir sollen das ganze Wort Gottes im heilsgeschichtlichen Zusammenhang ernst nehmen. Aber das ist hier Neues Testament und der Abschluss der Heiligen Schrift. Was hier steht, hat für alle Zeit und für die Ewigkeit Gültigkeit. Es ermöglicht ja erst die Ewigkeit der Erlösten. Wichtig ist, dass wir auf der richtigen Seite stehen, dass wir zum HERRN Jesus gehören und Sein Opfer am Kreuz angenommen haben, damit nicht dereinst in dieser letzten Gerichtszeit unser Blut gefordert wird.

Die Frage also lautet: Sind wir getrost, wenn wir für den HERRN Jesus leiden? Glauben wir daran, dass Er Gerechtigkeit schaffen wird? Auch heute gibt es viele Christen, die leiden. Viele werden verspottet, viele verfolgt und getötet. Es gibt auch in der westlichen Welt mehr und mehr Gesetze, die in absehbarer Zeit eine Christenverfolgung auslösen könnten.

Sind wir bereit, wenn auch hier Verfolgung anfängt? Beten wir dann für unsere Verfolger und Verleumder, dass sie rechtzeitig umkehren und Buße tun? Denn wir wünschen niemandem, dass er in diese Gerichte hinein gelangen muss. Wir wünschen jedem, dass er den HERRN schauen und in Seine Herrlichkeit eingehen darf.

Die vierte Zornschale: Feuer von der Sonne

Offenbarung 16,8: **Und der vierte Engel goss seine Schale aus auf die Sonne. Und ihr wurde gegeben, die Menschen mit Feuer zu versengen.**

Die Sonne ist an sich der Lebensspender. Ohne Sonne gibt es auf dieser Erde kein Leben. Aber nun wird es ins Gegenteil

verkehrt: Die Sonne wird plötzlich zum Feind. Gott kann die Einstellung der Sonne so verändern, dass sie plötzlich feindlich wird. Gott lässt auch die Zerstörung der Ozonschicht zu, damit der Mensch schon eine Vorschattung von dieser letzten Trübsalzeit erlebt. Der Mensch beginnt selbst damit, diese Schöpfung zu zerstören. Aber das sind noch nicht die Zornschalengerichte. Es sind erst die Vorschattungen davon. Es sind Zulassungen, damit wir schmecken, wie das einmal sein wird.

Heutzutage nimmt Hautkrebs bereits rasant zu. Die Strahlung der Sonne wird stärker; hinzu kommen die Strahlungen, die Menschen selbst verursachen. Zum Beispiel muss jemand, der sich ständig Mobilfunk- und Handystrahlen aussetzt, damit rechnen, dass er Schäden bekommt bis hin zum Tumor. Wir wollen nicht unnötig uns und andere Menschen schädigen, sondern behutsam und zurückhaltend mit solchen technischen Errungenschaften umgehen. Denn wir haben keinen Auftrag, die Erde zu zerstören, sondern sie zu bewahren. Und das gilt bis zum Ende, bis der HERR selbst diesen Kosmos zum Ende führt. Nicht wir sollen die Erde zerstören, sondern Gott wird diesen Kosmos wieder abbauen, so wie Er ihn in sechs Tagen geschaffen hat und am siebten Tag ruhte. So wird Er durch Seine Gerichte diesen Kosmos wieder einrollen.

Als Sieg des HERRN wird auf der gereinigten und erneuerten Erde das Tausendjährige Reich errichtet. Es wird den Sieg Christi vollkommen machen. Erst danach werden der neue Himmel und die neue Erde entstehen. Ich habe das Tausendjährige Reich nicht erfunden. Manche meinen, dies sei überflüssig. Damit könnte man nichts anfangen. Aber es steht in der Bibel (Offenbarung 20 u.a.). Wir können nicht einfach Dinge herausreißen, die wir vielleicht nicht in unseren Verstand hineinbekommen. Ich weiß, dass manche Christen anders denken und nichts damit anfangen können. Aber ich tue mich schwer damit, etwas herauszunehmen, was im Wort Gottes steht. Ich will nicht, dass mein Anteil am Baum des Lebens reduziert wird, indem ich einfach eine grundlegende Wahrheit abstreite. Das ist eine ernste Frage. Es ist keine heilsentscheidende Frage. Aber es kann ein Anteil am Baum des Lebens hinweggenommen werden, wenn jemand etwas von dem Wort der Offenbarung hinweg tut (Offenbarung 22). Wir wollen diese Frage deshalb nicht herunterspielen.

Die Sonne versengt die Menschen also beim vierten Zornschalengericht mit Feuer. Tun sie daraufhin Buße? Nein! Sie sind so verstockt wie der Pharao, der als Typus gilt für die endzeitliche dahingegebene Menschheit. Offenbarung 16,9: **Und die Menschen wurden versengt von großer Hitze; und sie lästerten den Namen Gottes, der Macht hat über diese Plagen, und sie taten nicht Buße, um Ihm die Ehre zu geben**.

Gott hätte Macht, diese Plagen zu beenden und die Menschen herauszuretten, wenn sie wirklich, wie die Einwohner von Ninive zur Zeit des Propheten Jona, umkehren würden. Wo sind denn noch die Propheten, die zur Umkehr rufen? Die Feinde Gottes haben die zwei Zeugen ja getötet. Diese sind vor der Gemeinde entrückt worden (Offenbarung 11). Wenn auch die Gemeinde entrückt wird, ist keiner mehr da, der zur Buße ruft. Die Menschen haben nicht auf das Wehe des ankündigenden Engels gehört, der gesagt hat: **„Fürchtet Gott und gebt Ihm die Ehre!"** Nein, diese Warnung ist an ihnen vorübergegangen, jedenfalls an denen, die dann in dieser Zeit leben.

Die fünfte Zornschale: Finsternis im Reich des Tieres

Offenbarung 16,10: **Und der fünfte Engel goss seine Schale aus auf den Thron des Tieres; und dessen Reich wurde verfinstert; und sie zerbissen ihre Zungen vor Schmerz.**

Jetzt trifft es direkt das Zentrum des antichristlichen Reiches. Genauso hat es den Pharao getroffen, der mit seinem Heer schließlich im Schilfmeer unterging. Es ähnelt der neunten ägyptischen Plage: 2. Mose 10,21: **Und der HERR sprach zu Mose: „Strecke deine Hand aus zum Himmel, damit es im Land Ägypten so finster wird, dass man die Finsternis greifen kann." Da streckte Mose seine Hand zum Himmel aus, und es kam eine dichte Finsternis im ganzen Land Ägypten drei Tage lang, so dass während drei Tagen niemand den anderen sehen konnte noch jemand von seinem Platz aufstehen konnte; aber alle Kinder Israels hatten Licht in ihren Wohnungen.**

Wie auch immer es war, wie es der HERR geschenkt hat: Die Kinder Israels hatten Licht. Die zum HERRN gehören, sind im Licht, die anderen im Dunkeln. Wir sind Kinder des Lichts, Kinder des Tages. Wir wollen nichts mit den Werken der Finsternis gemeinsam haben. Dass wir uns von dem Geist der Welt, dem Zeitgeist absondern, heißt „Heiligung". Dieser Zeitgeist dringt leider zunehmend in Gemeinden ein. Ich habe manche Gespräche mit Geschwistern geführt, die über die Entwicklungen in ihren Kirchen verzweifelt sind. Wir sollen auftreten, solange es geht. Aber wenn es nicht mehr geht, soll man sich im biblischen Sinne absondern. Wir werden noch beim Thema Babel darauf zurückkommen, wo es heißt: **„Geht hinweg, damit ihr nicht teilhaftig werdet ihrer Sünden ... denn sie reichen bis zum Himmel!"** (Offenbarung 18,4f.). Ich weiß, dass das ein schweres Wort ist, weil es überall Geschwister gibt, die das noch nicht so sehen, die das nicht erkennen, die das verdrängen und sagen: „Es gibt doch auch noch Gutes". Aber die Frage lautet: „Wird in deiner Gemeinde Sünde verharmlost? Wird sie bestritten? Wird sie sogar inzwischen in den Grundordnungen kirchlich verankert?"

Es gibt manche Dinge, die uns sehr viel Kummer bereiten, auch bei den Evangelikalen. Ein Stichwort ist hier die „Volxbibel", eine Gotteslästerung in Reinkultur. Aber solche Dinge sind heute das Normale geworden. Das Gericht beginnt am Hause Gottes. Das sehen wir auch daran, wie viel Finsternis in die Gemeinden schon eingedrungen ist, auch in Gemeinden, die früher noch klar dastanden, nachdem die ältere Generation langsam ausstirbt. Es sind nicht immer die Jugendlichen an sich. Da gibt es auch ganz Unterschiedliche. Zu meinen Vorträgen kommen auch immer wieder Jugendliche. Es gibt Gott sei Dank auch jüngere Menschen, die den neuen Trend nicht mitmachen. Aber oft sind es noch die Älteren, die eine andere Prägung besitzen und in ihren Gemeinden sehr einsam geworden sind. Es ist gar nicht immer die Jugend, die die modernen Methoden will. Es sind solche, die beeinflusst sind von Projekten wie Willow Creek, Saddleback, Emerging Church usw. und meinen, man könne Menschen nur noch dadurch erreichen, indem man den Zeitgeist in die Gemeinde lässt.

Man sagt aber zu Recht: „Wer sich mit dem Zeitgeist vermählt, wird bald Witwer." Und wer die Welt in die Gemeinde holt, macht die Gemeinde früher oder später zur Welt. Dann herrscht Finsternis in der Gemeinde. Dieser Exkurs lag mir auf dem Herzen. Ich habe schon viele Gespräche in dieser Richtung geführt. Es tut mir dann immer sehr weh, wenn ich höre, wo schon an vielen Orten der Zeitgeist eingedrungen ist. Passen wir auf, dass unser eigenes Herz nicht von dieser Finsternis der Welt aufgefressen wird!

Das wahre Gesicht des Antichristen wird offenbar

„**Und sie zerbissen ihre Zungen vor Schmerz**", so schlimm wurden die Plagen. Sie hatten ja nichts zu trinken, und sie tragen die Geschwüre. Und jetzt noch die Finsternis und die Sonne, die sie zuvor versengt hat! Das klingt paradox; aber bei Gott gehört dies alles zu einem Gerichtsablauf. Zunächst hat die Sonne sie versengt, und jetzt schickt Er die Finsternis. Vielleicht freuen sie sich zunächst, dass die Sonne sie nicht mehr versengt. Aber die Finsternis ist noch viel schlimmer. Nun zeigt sich nämlich, dass das Reich des Tieres nicht Licht ist, sondern absolute Dunkelheit. Jetzt zeigt sich das wahre Gesicht des Antichristen und seines falschen Propheten. Es ist ein Reich der Finsternis. Die Finsternis wird jetzt offenbar, wird enthüllt, so wie damals beim Pharao. Diese Finsternis passte wunderbar zu dem Pharao, der verstockt war. Auch hier entsteht Finsternis. Sie lästerten den Gott des Himmels. Sie gaben Ihm die Schuld. Sie schrien: „Er macht das alles!" und erkannten nicht, dass Er sie oftmals zur Umkehr eingeladen hat. Aber sie haben nicht darauf gehört. Wie schrecklich!

Offenbarung 16,11: **Und sie lästerten den Gott des Himmels wegen ihrer Schmerzen und wegen ihrer Geschwüre, und sie taten nicht Buße von ihren Werken.**

Sie haben immer noch weiter gesündigt. Es heißt an einer anderen Stelle in der Offenbarung: **„Sie kehrten nicht um von ihren Morden, ihrer Zauberei, ihrer Unzucht und ihrer Dieberei"** (Offenbarung 9,22). Das alles und vieles mehr haben sie weiter gemacht. Lassen wir uns Licht vom HERRN schenken, damit wir das Blendwerk der Finsternis durchschauen; auch heute schon, wo es sich in unsere Gemeinden und Herzen einschleicht, damit wir den Sauerteig der Sünde hinausfegen, solange es noch Tag ist! Und ehren wir Gott in allem! Ehren wir Ihn für das Gute, und nehmen wir auch das Schwere dankbar aus Seiner Hand! Wir dürfen nicht sagen: „Gott ist schuld!", sondern wir selbst sind schuld durch unsere Sünde. Alles Gericht, das wir auch heute schon erleben, haben wir uns selbst zu verdanken. Aber noch besitzen wir die Möglichkeit, umzukehren und Buße zu tun.

Die sechste Zornschale: Vorbereitung der Schlacht von Harmagedon

Nun kommt die sechste Zornschale. Da muss ich ein bisschen ausholen. Die sechste Zornschale ist besonders interessant, weil es hier um die Schlacht von Harmagedon geht.

Offenbarung 16,12: **Und der sechste Engel goss seine Schale aus auf den großen Strom Euphrat; und sein Wasser vertrocknete, damit den Königen vom Aufgang der Sonne der Weg bereitet würde.**

Der Strom Euphrat ist die östliche Grenze des verheißenen Landes Israel in 1. Mose 15,18 - die Grenze, so nehme ich an, die Israel im Tausendjährigen Reich haben wird. Dieser Strom bildet auch eine gewisse Grenze zwischen Ost und West. Schon seit alter Zeit besitzt er eine Bedeutung, wenn man an den Irak und den Iran denkt. Das hängt mit Babylon zusammen. Die babylonischen Mächte sind mit dem Euphrat verbunden. Dieser Strom trocknet nun aus, und der Weg wird bereitet den Königen vom Aufgang der Sonne, also vom Osten. Es wird viel spekuliert, von wo sie kommen. Es ist auf jeden Fall der Bereich jenseits des Euphrat - Iran, Irak, Russland bis hin zu China. Es handelt sich um ein Riesenmillionenheer, wie es etwa China stellen könnte.

Man weiß, dass es in China viel Erweckung gibt. Es leben dort viel mehr Christen als in Europa. Wir dürfen aber nicht vergessen, dass bis heute zumindest immer noch der Atheismus die Staatsreligion ist und dass die Machthaber sofort die Möglichkeit hätten, Millionen Menschen als eine Armee zu rekrutieren. Das ist allein in China schon möglich, ganz abgesehen von den anderen Ländern, die sich auch noch in dieser Region befinden. Es ist also keineswegs utopisch, wenn man die Zahl wörtlich nimmt, die in Offenbarung Kapitel 8 genannt wird. Da ist von 200 Millionen Kriegsleuten die Rede, die gegen Israel marschieren werden.

Warum gegen Israel? Der Ort, der Harmagedon heißt, liegt in Israel. Es ist der hebräische Name für den Berg Megiddo, der sich ca. 100 km nördlich von Jerusalem befindet. Die Schlacht wird sich in der nahe gelegenen Ebene ereignen. Dort war übrigens auch der Sieg Baraks über die Kanaaniter abgelaufen, der uns in Richter Kapitel 4 berichtet wird, und auch der Sieg des Richters Gideon über die Midianiter errungen worden, der in Richter Kapitel 7 beschrieben wird. Der französische Kaiser Napoleon stand auch einmal an dieser Stelle und sagte, es sei das größte Schlachtfeld, das er jemals gesehen hatte. Und er könne sich vorstellen, dass diese Schlacht dort stattfände. Es ist ein Gebiet von etlichen Kilometern, wo es sich ereignen kann. Es muss nicht sein, dass dieses Riesenheer gleichzeitig dort aufmarschiert, sondern nacheinander in verschiedenen Kolonnen. Wir wollen das jetzt aber nicht vertiefen. Entscheidend ist für uns das geistliche Geheimnis dieser Schlacht von Harmagedon: dass Gott selbst in übernatürlicher Weise das Wasser des Euphrat austrocknet. Vielleicht hängt das auch mit der verstärkten Sonneneinstrahlung in der vierten Zornschalen-Plage zusammen. Jedenfalls tut es der HERR, egal, wie auch immer.

Wer gegen die Heiligen kämpft

Dann sehen wir, dass diese Könige vom Aufgang der Sonne Verführte sind. Sie sind von dämonischen Geistern inspiriert. Das steht hier ausdrücklich: Offenbarung 16,13: **Und ich sah aus dem Maul des Drachen** (Satan) **und aus dem Maul des Tieres** (des Antichristen) **und aus dem Maul des falschen Propheten drei unreine Geister herauskommen, gleich Fröschen.**

Ich persönlich sehe es so, dass der Antichrist eine politische Führergestalt ist; ganz vorsichtig gesagt, könnte es zum Beispiel der UNO-Generalsekretär, Weltpräsident oder jemand Entsprechendes sein, der die Macht über alle Nationen haben wird – und der falsche Prophet eine religiöse Führergestalt, die es schafft, alle Religionen, die nicht am Absolutheitsanspruch ihrer Religion festhalten, zu vereinigen, zu einer Religionsökumene zusammenzuführen in Verbindung mit der Hure Babylon, welche die Verkörperung der abgefallenen Kirchen darstellt. Dann lässt der Antichrist die Hure Babylon irgendwann fallen. Die Hure Babylon ist praktisch der „nützliche Idiot" für den Antichristen: die falsche Religion, die alles zusammenführt mit dem falschen Propheten, der große Zeichen tun kann. In diesem Sinne verführen sie die Menschen und geben dem Antichristen die Ehre und sagen: „Jesus ist nicht der einzige Weg." Vielleicht tun sie sogar fromm und meinen: „Jesus ist einer von vielen, aber nicht der Einzige." Das wird ja heute schon so gesagt. Man muss immer darauf achten, ob sie sagen: „Jesus Christus allein" oder „Jesus Christus und andere Religionsführer".

Der christliche Glaube ist übrigens keine Religion (im Unterschied zu allen Religionen), sondern ist die geoffenbarte Wahrheit des lebendigen Gottes in Seinem Wort. Das ist der Unterschied, abgesehen vom Judentum, auf das wir ja aufbauen, wo wir am Ölbaum eingepfropfte Zweige sind (Römer 11). Religionen sind nämlich Versuche des Menschen, sich selbst zu erlösen. Dies gilt auch für den Islam. Der Koran ist eine verfälschte Form der Bibel. Da ist vieles weggelassen, vieles verändert und Jesus zu einem bloßen Propheten reduziert. Jedenfalls sind dies alles Religionen, während christlicher Glaube die offenbarte Wahrheit Gottes ist. Es sind dämonische Geister, die die Könige verführen, in Harmagedon zu kämpfen.

Sind wir bereit, wenn Jesus erscheint?

Offenbarung 16,15: **Siehe, Ich komme wie ein Dieb! Glückselig ist, der wacht und seine Kleider bewahrt, damit er nicht entblößt einhergeht und man seine Schande sieht!** Hier ist nun die Warnung bzw. Ankündigung unseres HERRN eingeschoben: **„Siehe, Ich komme wie ein Dieb!"**, nicht als Dieb. Wenn wir das Wort „wie" sehen, ist das ein Vergleich. Der Vergleichspunkt liegt darin, dass Er so überraschend, so unerwartet wie ein Dieb kommt. Also nicht, dass jemand denkt, der

HERR Jesus sei ein Dieb. Er kommt so überraschend wie ein Dieb. Das ist der Vergleichspunkt in den Gleichnissen.

Wir sollen auch beim Hochzeitsmahl bereit sein, wenn wir eingeladen sind, und zusehen, dass wir das hochzeitliche Kleid tragen, dass wir durch das Blut Jesu Christi gereinigt sind, dass wir Zugang zum Thron Gottes haben und dabei sind, wenn Er kommt. Wir sollen nicht entblößt dastehen. Erinnern wir uns an das Gleichnis von dem Menschen, der zum Hochzeitsmahl kommen wollte und hinausgewiesen wurde? Der Hausherr musste ihm sagen, dass er hinausgehen müsse, weil er kein hochzeitliches Kleid anhatte (Matthäus 22,12–14). Er hatte sich nicht für die Hochzeit des Lammes bereitet, von der in Offenbarung 19 die Rede ist.

Jerusalem, der Laststein für alle Völker

Über die Schlacht von Harmagedon ist auch beim Propheten Sacharja zu lesen. Das ist ganz wichtig. Denn nur von daher erhellt sich uns diese Schlacht. Ich persönlich sehe sie in unmittelbarem Zusammenhang mit Sacharja 12–14.

Dort wird beschrieben, dass Jerusalem zum Taumelkelch für alle Völker ringsum werden wird. Später heißt es dann, dass Jerusalem zum Laststein für alle Völker der Welt werden wird. **„Alle, die ihn heben wollen, werden sich gewisslich daran wund reißen, und alle Heidenvölker der Erde werden sich gegen es versammeln.“**

Das datiere ich in die Zeit dieser Schlacht von Harmagedon, vor der Aufrichtung des Tausendjährigen Reiches. Dann sagt aber der HERR von Seinem

Sieg ganz klar in Sacharja 12,4: **„An jenem Tag", spricht der HERR, „will Ich alle Pferde mit Scheu schlagen und ihre Reiter mit Wahnsinn; über das Haus Juda aber will Ich Meine Augen offen halten.".**

Sacharja 12,8-9: **An jenem Tag wird der HERR die Einwohner Jerusalems beschirmen, so dass an jenem Tag der Schwächste unter ihnen sein wird wie David und das Haus Davids wie Gott, wie der Engel des HERRN vor ihnen her. Und es wird geschehen an jenem Tag, dass Ich danach trachten werde, alle Heidenvölker zu vertilgen, die gegen Jerusalem anrücken.**

Der Sieg ist schon entschieden. Dann geschieht das Entscheidende. Die Israeliten waren ja vorher noch nicht gläubig, abgesehen von den 144.000, die bereits mit der Gemeinde entrückt wurden, die auf dem himmlischen Zion stehen (Offenbarung 14,1) - dieses himmlische Jerusalem, Zion gemäß dem Hebräerbrief (Hebräer 12,22). Die anderen Israeliten werden sich aber bekehren, wenn diese entscheidende Schlacht stattfindet. Dann trifft Folgendes ein:

Sacharja 12,10: **Aber über das Haus David und über die Einwohner von Jerusalem will Ich den Geist der Gnade und des Gebets ausgießen, und sie werden auf Mich sehen, den sie durchstochen haben.**

Das ist Jesus Christus. Dann wird die Bekehrung Israels kommen, abgesehen von denen, die schon vorher bekehrt waren, die 144.000. Das sind ja die an Jesus gläubigen Israeliten aus den 12 Stämmen, die in Offenbarung 7 genannt wurden. Aber nun wird sich das andere Israel bekehren.

Sacharja 12,10: **Sie werden um Ihn klagen** (den sie durchbohrt haben)**, wie man klagt über den eingeborenen Sohn. Und sie werden bitterlich über Ihn Leid tragen, wie man bitterlich Leid trägt über den Erstgeborenen.**

Hier lesen wir das, was auch in Johannes 3 steht: der eingeborene Sohn Gottes. Sie werden so viel Leid tragen, weil sie Ihn solange abgelehnt haben. Dann wird ihre Verstockung beseitigt werden, wenn sie sehen, wie der HERR auf übernatürliche Weise eingreift. Und sie werden Ihn sehen, wenn Er kommt.

Stehen wir auf der Seite Israels?

Wir lesen in Sacharja 13,1, dass von Jerusalem eine Quelle gegen Sünde und Unreinheit eröffnet sein wird. Das sehe ich im Zusammenhang mit Jesaja Kapitel 2 und anderen Stellen, wo es heißt, dass Zion das Zentrum des Tausendjährigen Reiches sein wird, zu dem die Völkerscharen pilgern werden, die im Tausendjährigen Reich leben werden und dort Belehrung empfangen.

Sacharja 13,2: **„Und es wird geschehen an jenem Tag", spricht der HERR der Heerscharen, „da will Ich die Namen der Götzen aus dem Land ausrotten, dass sie nicht mehr genannt werden, auch die Propheten und den Geist der Unreinheit will Ich aus dem Land vertreiben."** Alles, was falsch war, wird hinweg getan werden.

Sacharja 13,7: **„Schwert, mache dich auf gegen Meinen Hirten, gegen den Mann, der Mein Gefährte ist", spricht der HERR der Heerscharen. „Schlage den Hirten, und die Schafe werden sich zerstreuen. Und Ich will Meine Hand den Geringen zuwenden."**

Dies hat sich bei der Kreuzigung Jesu erfüllt. Dort hat Er das Wort selbst auf sich bezogen. **„Die Schafe werden sich zerstreuen".** Er war der Hirte, und Er ist der Hirte. Wenn Er dann in Herrlichkeit erscheint, werden Ihn alle sehen und auf Ihn schauen, den sie durchbohrt haben. Das ist zwar reichlich spät, aber noch nicht zu spät für die, die sich dann bekehren.

Israel wird nach der Schlacht von Harmagedon im Tausendjährigen Reich zum Missionsvolk. Dann werden sich auch weitere im Tausendjährigen Reich bekehren.

Am Schluss im Buch Sacharja wird das Laubhüttenfest genannt. Es ist möglich, dass dies im Tausendjährigen Reich wieder gefeiert wird. Es soll die Menschen daran erinnern, wie sie durch die Wüste gezogen sind, durch die Wüste der Bedrängnis durch die Völker, die gegen sie in der Drangsalzeit anmarschiert sind. Aber dann werden sie diesen Ruheort finden. Die Laubhütte ist ein Abbild der himmlischen Hütte Gottes, der Stiftshütte. Die irdische Stiftshütte war ja nur ein Abbild der himmlischen Stiftshütte, in der das Heiligste ist, wo Gott selbst sich geoffenbart hat. Sie steht in direktem Zusammenhang mit dem Thron und Tempel des heiligen Gottes.

Die Frage stellt sich hier an uns: Stehen wir auf der Seite Israels, wo es politisch bedrängt wird, ohne das irdische Israel zu verklären? Es ist kein perfekter Staat. Zurzeit sehen wir das ganz besonders. Aber doch liegen auch auf dem irdischen Israel Verheißungen, nämlich allein schon das, was in Sacharja beschrieben wird, dass der wiederkommende HERR Seinen Fuß auf den Ölberg setzen und der Ölberg sich spalten wird. Und das lesen wir jetzt auch bei der siebten Zornschale.

Die siebte Zornschale: Es ist geschehen!

Offenbarung 16,17: **Und der siebte Engel goss seine Schale aus in die Luft; und es ging eine laute Stimme aus vom Tempel des Himmels, vom Thron her, die sprach: „Es ist geschehen!"** (Oder auch **„Es ist geworden".**) Das heißt, dass das Alte jetzt abbricht und Neues entsteht: Zunächst das Tausendjährige Reich und danach schließlich der neue Himmel und die neue Erde. Das alte, antichristliche verdorbene Wesen der Welt vergeht.

Offenbarung 16,18: **Und es geschahen Stimmen und Donner und Blitze, und ein großes Erdbeben geschah, wie es dergleichen noch nie gegeben hat, seit es Menschen gab auf Erden, ein solch gewaltiges und großes Erdbeben.** Diese alte, gottlose Erde wird abgebrochen, auch durch kosmische Umwälzungen. Es ereignet sich das allergrößte Erdbeben überhaupt. Wir haben heute schon eine Steigerung der Erdbeben zu verzeichnen. Diese sind Vorwehen, Vorankündigungen dieses letzten gewaltigen Bebens. Sehen wir es als Mahnruf? Erkennt es eine Menschheit, die Gott überwiegend ablehnt, als Mahnruf? Wir können es nur hoffen und noch viele auf dieses Zeichen hinweisen, das der HERR Jesus uns ja auch in Matthäus 24 gegeben hat, um wachsam zu sein.

Offenbarung 16,19: **Und die große Stadt** (Jerusalem) **wurde in drei Teile zerrissen, und die Städte der Heidenvölker fielen, und Babylon, der großen, wurde vor Gott gedacht, damit Er ihr den Becher des Glutweines Seines Zornes gebe.** Wir wissen von der großen Ölbergspaltung in Jerusalem aus Sacharja. Und hier wird auch die Stadt Jerusalem genannt, die in drei Teile zerrissen wird. Jerusalem wird nicht zerstört. Es wird nur topographisch verändert, bekommt eine neue Gestalt. Es heißt nicht, dass diese Stadt untergeht. Das muss man unterscheiden. Aber die Städte der Heidenvölker fallen und stürzen ein. Sie werden nicht vom HERRN neu gestaltet. Nein, sie werden zerstört.

Babylon wird in Offenbarung 17 und 18 ausführlich behandelt. In Kapitel 18 heißt es dann: **„Gefallen, gefallen ist Baby-**

lon!" Das wird hier schon im Voraus beschrieben und nachher im Einzelnen entfaltet. Bei der siebten Zornschale geschieht der Fall Babylons, dieser Mischreligion, die dem Antichristen zuarbeitet, bis er sie fallen lässt.

Offenbarung 16,20: **Und jede Insel entfloh, und es waren keine Berge mehr zu finden.** Auch hier gibt es geographische, topografische Veränderungen auf dem Planeten Erde. Es wird hier nur angedeutet, wie das zu verstehen ist. Vielleicht sind sie untergegangen, oder es hat sich durch das Erdbeben alles verschoben? Wir wissen, dass es schon einmal in der Erdgeschichte eine Kontinentalverschiebung gegeben hat, durch welche die Erdplatten auseinander gedriftet sind.

Gott macht das Hohe niedrig und das Niedrige hoch. Er kann alles verändern. Man nimmt an, dass die Berge, so schön wie sie sind, durch den Druck der Erdplattenverschiebungen aus dem Boden herausgepresst wurden. Wir sehen, wie in den Alpen die Erdschichten nach oben stehen. Das weist auf ganz klare katastrophische Veränderungen - und keine langsamen evolutionären Veränderungen im Lauf der Zeiträume. Sie sind durch die Sündflut, aber auch durch andere Katastrophen entstanden. Da hat sich die Gestalt der Erde verändert. Trotzdem hat Gott aus diesem, was durch Katastrophen entstanden ist, etwas Schönes für unser Auge gemacht. Wir können heute die majestätischen Berge und Täler sehen, die Alpen, die Meere bewundern, wobei das Meer auch immer etwas Bedrohliches enthält. Es gilt als ein Zeichen des Chaos und der Chaosmacht. Das wollen wir nicht vergessen. Im himmlischen Jerusalem wird vom Meer nichts mehr gesagt. „Es ist nicht mehr", heißt es da. Das Bedrohliche, die Chaosmacht ist dann weg. Aber es wird Wasser des Lebens geben, das vom Thron Gottes ausgeht. Das wird uns am Ende der Offenbarung mit wunderbaren Worten prophezeit.

Jetzt aber wird wirklich das alte, gottlose System ausradiert: Offenbarung 16,21: **Und ein großer Hagel mit zentnerschweren Steinen kam aus dem Himmel auf die Menschen herab; und die Menschen lästerten Gott wegen der Plage des Hagels, weil seine Plage sehr groß war.**

Es kommen also Hagelkörner herunter mit einem Gewicht von mindestens 50 Kilogramm. Kaum vorstellbar, aber das muss noch nicht einmal übertrieben sein. Denn es ist ja wirklich der Abbruch des Alten. Man kann diese Angabe durchaus wörtlich nehmen. Manche sagen: „Ja, es handelt sich dabei um schweren Hagel." Aber es ist wirklich der vernichtende Hagel, um diese Erde zu säubern.

Die Hure Babylon

Offenbarung 17

Und es kam einer von den sieben Engeln, welche die sieben Schalen hatten, redete mit mir und sprach zu mir: „Komm, ich will dir das Gericht über die große Hure zeigen, die an den vielen Wassern sitzt, mit der die Könige der Erde Unzucht getrieben haben und von deren Wein der Unzucht die, welche die Erde bewohnen, trunken geworden sind. Und er brachte mich im Geist in eine Wüste; und ich sah eine Frau auf einem scharlachroten Tier sitzen, das voll Namen der Lästerung war und sieben Köpfe und zehn Hörner hatte.

Und die Frau war gekleidet in Purpur und Scharlach und übergoldet mit Gold und Edelsteinen und Perlen, und sie hatte einen goldenen Becher in ihrer Hand voll von Gräueln und der Unreinheit ihrer Unzucht. Und auf ihrer Stirn war ein Name geschrieben: „Geheimnis, Babylon, die Große, die Mutter der Huren und der Gräuel der Erde. Und ich sah die Frau berauscht vom Blut der Heiligen und vom Blut der Zeugen Jesu. Und ich verwunderte mich sehr, als ich sie sah. Und der Engel sprach zu mir: „Warum verwunderst du dich? Ich will dir das Geheimnis der Frau sagen und des Tieres, das sie trägt, das die sieben Köpfe und die zehn Hörner hat.

Das Tier, das du gesehen hast, war und ist nicht mehr, und es wird aus dem Abgrund heraufkommen und ins Verderben laufen; und die auf der Erde wohnen, deren Namen nicht geschrieben steht im Buch des Lebens von Grundlegung der Welt an, werden sich verwundern, wenn sie das Tier sehen, das war und nicht ist und doch ist. Hier ist der Verstand nötig, der Weisheit hat: Die sieben Köpfe sind sieben Berge, auf denen die Frau sitzt. Und es sind sieben Könige. Fünf sind gefallen und der eine ist da; der andere ist noch nicht gekommen, und wenn er kommt, muss er für eine kurze Zeit bleiben. Und das Tier, das war und nicht ist, ist auch selbst der achte, und es ist einer von den sieben, und es läuft ins Verderben. Und die zehn Hörner, die du gesehen hast, sind zehn Könige, die noch kein Reich empfangen haben, aber sie erlangen Macht wie Könige für eine Stunde zusammen mit dem Tier. Diese haben einen einmütigen Sinn (oder einerlei Meinung), und sie übergeben ihre Macht und Herrschaft dem Tier. Diese werden mit dem Lamm Krieg führen, und das Lamm wird sie besiegen; denn Es ist der HERR der Herren und der König der Könige, und mit Ihm sind die Berufenen, Auserwählten und Gläubigen.

Und er sprach zu mir: „Die Wasser, die du gesehen hast, wo die Hure sitzt, sind Völker und Scharen und Nationen und Sprachen. Und die zehn Hörner, die du auf dem Tier gesehen hast, diese werden die Hure hassen und sie verwüsten und entblößen, und sie werden ihr Fleisch verzehren und sie mit Feuer verbrennen. Denn Gott hat ihnen ins Herz gegeben, Seine Absicht auszuführen und in einer Absicht zu handeln und ihr Reich dem Tier zu geben, bis die Worte Gottes erfüllt sind. Und die Frau, die du gesehen hast, ist die große Stadt, die Herrschaft ausübt über die Könige der Erde."

Satan, Antichrist, falscher Prophet und Hure Babylon

Bisher traten in der Offenbarung ausführlich drei Hauptgestalten der Finsternis auf:

1. Der Drache, der Satan

2. Das Tier aus dem Völkermeer, der Antichrist, der Sohn des Satans (in der Nachahmung Jesu Christi innerhalb der göttlichen Dreieinigkeit)
3. Das Tier aus der Erde, der falsche Prophet, der den Heiligen Geist nachäfft und Zeichen und Wunder tut

Und nun, schon in den vorherigen Kapiteln angedeutet, aber jetzt ausführlicher beschrieben, erscheint Babylon, die Große; die Hure und die Mutter aller Hurerei und aller Gräuel auf Erden. Das ist die vierte Gestalt. Diese Hure, die Frau auf dem Tier, ist einerseits „die große Stadt". so wird es im letzten Vers des Kapitels gesagt. Übrigens ist das Symbol für Europa eine nackte Frau auf dem Zeusstier, die phönizische Königstochter Europa, die auf dem Rücken des Stieres nach Kreta gelangt. Der Kontinent Europa wird gemäß der griechischen Mythologie (Sagenwelt) nach ihr benannt. Sie ähnelt der Frau auf dem scharlachroten Tier. Sie ist als Hure gekennzeichnet.

Was ist das Hauptkennzeichen einer Hure? Sie ist keine treue und gottesfürchtige Ehefrau, sondern eine gottlose Person, die es mit allen möglichen Personen treibt. Im übertragenen Sinne wird Hurerei im gesamten Alten und Neuen Testament auch als Symbol für Götzendienst verwendet: Man dient nicht dem einzigen wahren Gott, wie Er sich im Ersten Gebot geoffenbart hat: **„Ich bin der HERR, dein Gott ... Du sollst keine anderen Götter neben Mir haben"** (2. Mose 20,2f.). Man folgt nicht Jesus allein nach, der gemäß Johannes 14,6, Apostelgeschichte 4,12, und 1. Korinther 3,11, der einzige Weg zu Gott dem Vater, die einzige Quelle des Heils und das einzige Fundament des Lebens ist. Stattdessen ist eine Hure bzw. hurerische Kirche eine, die mit allen Religionen buhlt, hurt, sich vermischt, sich vereinigt. Babylon repräsentiert die große Ökumene der Endzeit.

Wahre und falsche Einheit

Diese Hure Babylon wird nur gebraucht, bis der Antichrist seine Welteinheit hergestellt hat. Und dann werden die Könige, die Herrscher beauftragt, sie fallen zu lassen. Man kann sie deshalb auch mit dem Ausdruck „nützlicher Idiot" oder „Steigbügelhalter“ für das antichristliche System bezeichnen. Alle, die heutzutage denken, sie müssten an der Welteinheit mitarbeiten, wenn es eine Einheit ohne die Wahrheit Jesu Christi als einzigen Weg zum Vater ist, drohen dieser falschen Religion zu verfallen. Natürlich spricht der HERR Jesus in Johannes 17 von der Einheit - aber von der **wahren** Einheit. Es handelt sich dabei um die Einheit der wirklich wiedergeborenen Christen gemäß Johannes 3. Und über diese heißt es, gerade in diesem viel zitierten und viel missbrauchten „Einheitskapitel“, Johannes 17, dass die Welt sie hasst. Sie machen sich eben nicht eins mit der Welt, sondern werden von der Welt gehasst. Sie sind abgesondert von der Welt. Sie leben zwar in der Welt, sollen aber ein Licht sein und sich nicht von der Welt beeinflussen lassen. Sie sollen die Welt durch das Evangelium prägen, das sie unverkürzt und unverfälscht verkündigen.

Johannes 17 spricht also von der wahren Einheit aller in Jesus Christus geborgenen Gläubigen, aller wiedergeborenen Jüngerinnen und Jünger Jesu Christi. Offenbarung 17 ist das Gegenkapitel dazu. Da geht es um die falsche Einheit der hurerischen Vermischung der Religionen und Konfessionen. Hier wird die antichristlich inspirierte Welteinheitskirche und Welteinheitsreligion beschrieben, wie sie etwa auch die New-Age-Bewegung und sämtliche okkulten Sekten und Richtungen anstreben, wie z. B. die Bahai-Religion.

Der Turmbau von Babel

Wir finden in Offenbarung 17 und 18 den Begriff „Babel“ oder „Babylon“. Es wäre ein mühsames Unterfangen, durch die gesamte Heilige Schrift zu gehen und zu schauen, was darin alles über Babylon geschrieben steht. Ich will mich auf die wichtigsten Eckpunkte in Kürze beschränken.

Wenn wir ganz am Anfang der Bibel schauen, taucht Babylon zum ersten Mal im Zusammenhang mit Nimrod auf (1. Mose 10,8-12). Darauf komme ich später zurück. Dann wird es ausführlicher in 1. Mose 11 beschrieben. Dort geht es um den Turmbau zu Babel.

1. Mose 11,1: **Und die ganze Erde hatte eine einzige Sprache und dieselben Worte.** Hier herrschte noch der Urzustand nach der Sündflut. Damals war noch die Einheit des Noahgeschlechts vorhanden.

1. Mose 11,2–4: **Und es geschah, als sie nach Osten zogen, da fanden sie eine Ebene im Lande Schinar, und sie ließen sich dort nieder. Und sie sprachen zueinander: „Wohlan, lasst uns Ziegel streichen und sie feuerfest brennen. Und sie verwendeten Ziegel statt Steine und Asphalt statt Mörtel, und sie sprachen: „Wohlan, lasst uns eine Stadt bauen und einen Turm, dessen Spitze bis an den Himmel reicht, dass wir uns einen Namen machen, damit wir ja nicht über die ganze Erde zerstreut werden!"**

Was wird hier erstrebt? Sie wollen sein wie Gott (1. Mose 3,5). Diese Ursünde wird wieder aufgegriffen. Die Generationen nach der Sündflut sind schon wieder in eine abgefallene Menschheit gemündet, die die Sünde der vorsintflutlichen Ge-

nerationen wiederholt. Aber der HERR wird keine Sündflut (Wasserflut) mehr schicken, sondern am Ende eine Feuerflut, erfüllt durch die Gerichte der Zornschalen.

Die Menschen, die in 1. Mose 11 beschrieben werden, wollen sich einen Namen machen. Der Mensch will sich selbst groß machen. Sie lassen keinen zu, der über ihnen thront. Heute baut man Wolkenkratzer, viel höher vielleicht, als dieser Turmbau damals geworden wäre. Weltweit werden Rekorde auf allen Ebenen angestrebt. Es geht um die Einheit, so dass man den Turm weithin sieht und sagt: „Das ist unser Symbol. Das führt uns zusammen." Deshalb wird auch heute die Menschheitsbruderschaft angestrebt: **Eine Welt - eine Religion.** So lautet das große Programm der Endzeit in Form der babylonischen Vereinigung. Nicht ohne Grund erschufen die Mächtigen dieser Welt eine UNO (Vereinte Nationen), als eine Art Vorstufe zur Welteinheitsregierung mit allem, was dazu gehört:

- Weltgerichtshof
- Weltpolizei
- Weltarmee

Die kontinentalen Zusammenschlüsse, z. B. die Europäische Union, stellen ja nur eine Zwischenstufe zur letztendlichen Welteinheit dar.

Gott erschafft unterschiedliche Sprachen

Aber was geschah damals, und was wird am Ende geschehen? 1. Mose 11,5–7: **Da stieg der HERR herab, um die Stadt und den Turm anzusehen, den die Menschenkinder bauten. Und der HERR sprach: „Siehe, sie sind ein Volk, und sie sprechen alle eine Sprache. Und dies ist erst der Anfang ihres Tuns. Und jetzt wird sie nichts davor zurückhalten, das zu tun, was sie sich vorgenommen haben. Wohlan, lasst uns hinabsteigen und dort ihre Sprache verwirren, damit keiner mehr die Sprache des anderen versteht!"**

Wir wissen durch sprachgeschichtlichen Vergleich, dass die historische Sprachentwicklung keine Evolution (Aufwärtsentwicklung), sondern eine Devolution (Abwärtsentwicklung) darstellt. Viele Sprachen in früheren Jahrtausenden waren viel anspruchsvoller als die meisten heutigen Sprachen bzw. als die neuzeitlichen Formen alter Sprachen. Man findet in Ursprachen viel mehr grammatikalische Formen als in der Neuzeit. Aus dieser Beobachtung ebenso wie aus der Bibel entnehmen wir, dass Gott damals beim Turmbau zu Babel diese Sprachen vollendet geschaffen hat, so dass sie sich also nicht evolutionär aus primitiven Anfängen entwickelt haben. Dies wird durch linguistische Untersuchungen, etwa von Dr. Roger Liebi, bestätigt.

Gemäß 1. Mose 11 sollte keiner die Sprache des anderen mehr verstehen, damit die Menschen nicht zu mächtig würden. Gott will die Einheit der Menschheit gar nicht, sondern Er hat jedem Volk seinen Bereich gegeben, in welchem es leben darf. Die Völker sollen friedlich in guter Nachbarschaft zusammenleben. Aber Gott wünscht die große Vermischung nicht, die heute allerorten angestrebt wird. Hierbei handelt es sich um babylonische Endzeitreligion, die politisch missbraucht wird.

1. Mose 11,8-9: **So zerstreute der HERR sie von dort über die ganze Erde, und sie hörten auf, die Stadt zu bauen. Daher gab man ihr den Namen Babel, weil der HERR dort die Sprache der ganzen Erde verwirrte und sie von dort über die ganze Erde zerstreute.**

„Babel" heißt ja Verwirrung. Die Sprachen wurden verwirrt. Heute will man dagegen eine Einheitssprache erzeugen: Esperanto, Hoffnung. Aber das gelingt nicht; wohl eher mit Englisch, weil dies eine sehr einfache Sprache ist. Im Englischen findet sich eine sehr einfache Formenbildung und Grammatik. Es ist interessant, dass der „Prophet" Europas, der Freimaurer Graf Coudenhove-Kalergi, in seinen Schriften nicht nur für die europäische Einheit und Weltvereinigung, sondern auch für die „Einheitssprachen" Esperanto und Englisch plädierte, und dies bereits in der 20er Jahren des 20. Jahrhunderts!

Der Prophet Daniel und das babylonische Reich

Babel kommt immer wieder in der israelischen Geschichte vor. Der absolute Tiefpunkt der Geschichte des alten Israel liegt dort, wo Israel in die babylonische Gefangenschaft geführt wird, in ein Land, wo Götzendienst an der Tagesordnung ist, ferner Astrologie und sämtliche okkulten Praktiken, vor denen Gottes Wort uns warnt. Die babylonische Verbannung wird vor allem bei den Propheten Jeremia und Hesekiel beschrieben, auch im Buch Daniel. Daniel befand sich ja selbst in der Verbannung, durfte dort aber als ein Bote Gottes wirken. In dieser finsteren, heidnischen Umgebung durfte er ein Licht sein und vom lebendigen, wirklichen Gott zeugen, bis hin zur Gefährdung seines Lebens. Er wurde in die Löwengrube geworfen, weil er nicht aufhörte, zum lebendigen, einzig wahren Gott zu beten (Daniel 6).

Aber welcher Götzendienst fand im antiken Babylon statt! Als Gott dem König Nebukadnezar die vier Weltreiche geoffenbart hatte (sein Reich und alle folgenden Reiche bis zur Wiederkunft des HERRN; Daniel 2), hatte er nichts anderes zu tun, als sich selbst das Standbild, das er da geschaut hatte, bauen zu lassen (Daniel 3). Das bedeutete eine Verdrehung in den Götzendienst durch ein verfinstertes Herz. Damals war Nebukadnezar nicht gläubig. Später fanden sich gewisse Erweckungsphasen bei ihm, als er sehr gedemütigt und bis zur Stufe des Viehs erniedrigt wurde (Daniel 4). Es ist ein Rätsel um diesen König, der so zwischen dem gläubigen Daniel und dem babylonischen Götzendienst hin- und hergerissen war und Israel erobert hatte. Sein Nachfolger Belsazar hat die Gotteslästerung wiederum bis auf die Spitze getrieben und die Gefäße aus dem Tempel in Jerusalem für ein Saufgelage missbraucht. Da erschien die Schrift: „mene mene tekel ufarsin" („gewogen, gewogen, und zu leicht befunden") an der Wand. Und in **einer** Nacht wurde Babylon von den Medopersern zerstört (Daniel 5).

Heute umfasst Babylon das Irak-Gebiet und stellt eine große Bedrohung vor allem gegen das winzige Land Israel dar, das halb so groß ist wie Baden-Württemberg. Es gibt ein Geheimnis um Israel: Die ganze Welt wird gegen die Stadt Jerusalem marschieren (Sacharja 12,2f.). Es ist ein geistliches Geheimnis, man kann es rational nicht fassen. Aber dahinter steht der Hass gegen Gott und Sein Bundesvolk des Alten Testaments.

Wir betrachten nun Offenbarung 17 Vers für Vers.

Das Gericht über Babylon steht fest

Offenbarung 17,1: **Und es kam einer von den sieben Engeln, welche die sieben Schalen hatten, redete mit mir und sprach zu mir: „Komm, ich will dir das Gericht über die große Hure zeigen, die an den vielen Wassern sitzt."**

Hier handelt es sich um einen von den sieben Schalenengeln. Bei der siebten Zornschale heißt es, dass Babylon, der Großen, vor Gott gedacht wurde. Er hatte ihr den Becher des Glutweins Seines Zorns gegeben. Wenn Babel in Kapitel 17 nun näher beschrieben wird, stellt dies die Detailaufnahme dar, was Babylon eigentlich ist. Aber das Gericht Gottes über Babel steht schon fest. Auch wenn wir jetzt in der Gegenwart erleben, wie sich die Babylonreligion zusammenballt, dürfen wir wissen, dass Gottes Urteil über sie lautet: **„Gefallen, gefallen ist Babylon, die Große"**. Babylon wird sich nicht halten, denn Gott hat es schon gerichtet in Jesus Christus am Kreuz auf Golgatha. Und dieses Urteil wird auch sichtbar vollstreckt, wenn Babylon, das sich jetzt noch aufrichtet, dann sichtbar fallen wird. Sie werden weinen und wehklagen darüber, wie wir das in Offenbarung 18 noch lesen werden.

Eine Religion des Rausches und der Ekstase

Was die vielen Wasser bedeuten, wird in Vers 15 erklärt. Offenbarung 17,15: **Und er sprach zu mir: „Die Wasser, die du gesehen hast, wo die Hure sitzt, sind Völker und Scharen und Nationen und Sprachen....“** Babylon pflegt also Kontakt mit allen Völkern dieser Erde. Es muss ein religiöses System sein, das alles durchdringt mit seinem Sauerteig der Sünde, der Unzucht, der Verführung, der Vermischung.

Offenbarung 17,2: **„... mit der die Könige der Erde Unzucht getrieben haben und von deren Wein der Unzucht die, welche die Erde bewohnen, trunken geworden sind.“** Neben dem Bild der Unzucht, des Götzendienstes, der Vermischung klingt die Betrunkenheit an, der Rausch. Es heißt später in Offenbarung 18, dass sie Zauberei getrieben hat, im Griechischen „pharmakia“, das ist der Begriff für Drogen. Dieser Begriff kann in der Pharmazie (Heilkunde) auch positiv verwendet werden. Aber hier sind gemeint:

- rauschhafte Drogen
- ekstatische Zustände
- Benebelung des Verstandes
- Zudröhnung des Denkens

Kennen wir das heute auch? Wenn man in ein Kaufhaus oder in einen Laden geht, hört man fast überall das monotone „Bum bum bum“. Die Menschheit wird systematisch über das Radio zugedröhnt. Es gibt kaum noch einen Sender, bei dem klassische Musik läuft. Alles erfolgt in harten Rhythmen, selbst bei den meisten Volksmusikliedern. Es muss offenbar immer der von Musik-Maschinen getriebene Schlagzeugrhythmus vorherrschen. Die Leute sollen in einen tanzhaften Rauschzustand hineinkommen. Gleichzeitig wird der Drogenkonsum immer mehr freigegeben. Es hat aber keinen Sinn, Drogen frei zu verteilen. Ein wirklicher

Entzug sieht anders aus. Letztlich kann in allem der HERR helfen und Süchtige zur Freiheit führen und zur Enthaltsamkeit befähigen. Die Rockmusik fördert massiv und gezielt ekstatische Zustände. Brot und Spiele hat man schon im Römischen Reich den Leuten geboten, um sie von den wirklichen Problemen und Grausamkeiten dieses Reiches abzulenken.

Mystische Erfahrungen und Emergent Church

Auch die mystischen Erfahrungen nehmen immer mehr zu. Ich nenne hier das Stichwort: Emergent Church (oder auch: Emerging Church: aufsteigende Kirche). Diese wirkt immer mehr auch in evangelikale Kreise hinein. Vor einiger Zeit hat sogar der pietistische Gnadauer Verband leider eine positive Empfehlung für diese verführerische, Licht und Finsternis vermischende Bewegung gegeben. So weit ist es schon gekommen. Es ist grauenhaft, was in der Endzeit geschieht! Der Teufel versucht, auch noch die letzten Gemeinden mit seinem Sauerteig der Sünde und der Vermischung zu durchsäuern. Aber wenn dies geschieht und man die unbiblische Veränderung einer Kirche oder Gemeinde nicht mehr aufhalten kann, dann wird es heißen: „Gehet aus von ihr! Gehet aus von diesem Hurensystem!" (vgl. Offenbarung 18,4).

Die Emergent Church ist eine Vermischung von katholischer Mystik, charismatischer Ekstase, modernen Elementen - vor allem auch in der Musik - und Relativierung des Wortes Gottes. Das Wort Gottes steht nicht mehr im Vordergrund, sondern

- das Gefühl
- die Erfahrungen
- die Einheitserlebnisse

Das führt direkt hin zur Verwässerung der Wahrheit und der darauf folgenden großen Ökumene. Am Schluss gibt es dann keine Unterschiede mehr etwa zur römisch-katholischen Religion. Ich werde später noch einmal darauf zurückkommen.

Eine Wüstenreligion

Offenbarung 17,3: **Und er brachte mich im Geist in eine Wüste; und ich sah eine Frau auf einem scharlachroten Tier sitzen, das voll Namen der Lästerung war und sieben Köpfe und zehn Hörner hatte.** Warum brachte einer der sieben Engel, der die Zornschalen hatte, Johannes in eine Wüste? Die Wüste ist ja der Ort, in welchem die Israeliten 40 Jahre umherirrten, bis sie ins Gelobte Land kamen. Die Wüste ist ein Ort, an welchem nicht viel Fruchtbarkeit existiert. Es ist der Ort

- wo der HERR Jesus versucht wurde,
- wo Satan (im geistlichen Sinne verstanden) offenbar eine besondere Wohnstätte hat.
- der den Dämonen als Behausung dient
- einer unwirtlichen Gegend

Vor allem wird hier das wahre Gesicht dieser Hure deutlich und aller, die mit ihr verbunden sind. Es ist der Wüstengeist. Dieser herrscht, wo entsprechende Religionen die Oberhand gewinnen, die Jesus als Sohn Gottes ablehnen. Dort entsteht im geistlichen Sinne - aber oftmals sogar auch im wörtlichen Sinne - Wüste! Man betrachte zum Beispiel den Wüstengürtel in den Ländern, in welchen der Islam herrscht!

Die Frau auf dem Tier ist eindeutig die Hure. Das scharlachrote Tier ist der Antichrist. Denn es wird klar festgestellt, dass er Namen voller Lästerung besitzt, wie es in Offenbarung 13 schon beschrieben war. Auf die sieben Köpfe und zehn Hörner gehe ich im Einzelnen später noch ein. Auf jeden Fall handelt es sich um Zeichen seiner angemaßten Königswürde. In Offenbarung 13 werden zusätzlich noch Kronen genannt.

Trügerischer äußerer Glanz

Offenbarung 17,4: **Und die Frau war gekleidet in Purpur und Scharlach und übergoldet mit Gold und Edelsteinen und Perlen, und sie hatte einen goldenen Becher in ihrer Hand voll von Gräueln und der Unreinheit ihrer Unzucht.**

Die Frau selbst trägt kostbarste Gewänder. Purpur und Scharlach trugen Könige. Allein die Purpurherstellung für ein Gewand erforderte den Tod Hunderter Purpurschnecken. Hierbei handelt es sich also um einen sehr teuren Stoff. Aber diese Hure kann sich solches leisten, denn sie hat ja von überall her Geschenke bekommen und großen Handel betrieben. Davon werden wir noch hören. Babylon ist eine ausgezeichnete Handelsmacht. Die Edelsteine und Perlen passen genau dazu; es sind übrigens auch die Elemente, die bei der himmlischen Stadt beschrieben werden. Aber hier ist es ein verschmutztes, missbrauchtes Gold. Gold, Edelsteine und Perlen, das sind alles wunderbar von Gott geschaffene Dinge. Deshalb kommen sie im himmlischen Jerusalem wieder vor. Aber von der Hure werden sie usurpiert, missbraucht, in den Dreck gezogen. Von ihr wird die wunderbare Schöpfung Gottes nur als Täuschungsmanöver in den Vordergrund gestellt, äußerlich glänzend, innerlich zersetzt, zersetzend, tödlich, giftig - so wie ein wunderschöner Apfel von außen ganz rotbackig aussehen kann und innen der Wurm drin ist. Die Verderbnis erkennt man nicht gleich unbedingt von außen. So verhält es sich auch mit dieser Hure.

Natürlich dient solches zur Verlockung. Der Mensch lässt sich durch Gold verlocken. Wie viele haben schon wegen Gold Morde begangen. In Krisenzeiten gibt es zeitweise kein Gold mehr in den Banken. Die Leute sind wie wahnsinnig dahinter her, weil sie vor der Weltfinanzkrise Angst haben. Gold ist ein sehr wertvolles Edelmetall; aber hier dient es dazu, die Leute zu blenden, so dass sie sagen: „Oh, da ist die Macht, da ist der Einfluss, da ist das Geld, da müssen wir hin! Dort gibt es etwas zu sehen, dort gibt es etwas zu erleben!“ Das ist typisch babylonische Verführung!

„We develop leaders“ („Wir entwickeln Führer oder Leiter“), so wirbt eine große evangelikale Akademie in Deutschland. Es sollen nicht mehr Diener, sondern Führer gefördert werden. Das ist auch Babylongeist! Man will groß dastehen vor der Welt und staatliche Anerkennung gewinnen. Ich halte das für einen völlig verfehlten Weg, gerade jetzt, wo der Staat immer antichristlicher wird. Ausgerechnet jetzt will man Anerkennung vom Staat. Ist es geistlich richtig, so etwas zu tun? Zahlt man durch unbiblische Kompromisse nicht einen zu hohen Preis?

Der goldene Becher des Luxus und der Trunkenheit

Der goldene Becher, den die Hure Babylon in der Hand hält, symbolisiert zunächst Reichtum (Luxus), aber auch Trunkenheit. In solch einem Becher stellt man sich meistens etwas Alkoholisches vor. Es ist bekannt, dass Huren oftmals betrunken sind und unter Drogeneinfluss stehen, um sich angesichts ihres sündhaften, verderblichen Tuns zu betäuben. Und sie wollen auch andere betrunken machen, so dass diese ihren Verstand verlieren, die Sünde gering schätzen und blind in ihr Verderben tappen, in die Grube des Totenreichs, wie es im Buch der Sprüche heißt (Sprüche 5,5). Rauschzustände gehören zur Verführung also klar dazu. In Discos gibt es heute

- Flackerlicht, um den Verstand auszuschalten,

- dröhnende Rhythmen, um die sexuellen Gefühle anzusprechen,
- Alkohol, um die Hemmungen abzubauen

Genau diese Elemente finden wir auch bei der Hure Babylon. Und damit wird unsere Jugend heute millionenfach zugedröhnt. Das sind endzeitliche Zustände.

Der goldene Becher einer falschen Religion

Dieser goldene Becher besitzt aber noch eine tiefere Bedeutung. In welcher Kirche spielt der goldene Becher eine ganz große Rolle? In der römisch-katholischen Kirche! Ich vertrete nicht die These, dass Rom allein die Hure Babylon sei, aber die These, dass die große Vermischung der Konfessionen, der Religionen und die Aufweichung der biblischen Wahrheit das Babylonische darstellt. Dies werde ich im folgenden weiter begründen (vgl. zum Katholizismus und seinen Lehren ausführlicher mein „Kleines Katholizismus-Handbuch" mit zahlreichen Zitaten und Belegen aus den Dogmen).

Der goldene Becher symbolisiert die Transsubstantiationslehre (Wandlungslehre), das heißt die Lehre - ganz fromm getarnt -, dass Brot und Wein bei der katholischen Eucharistie sich materiell-substanzhaft in den Leib und das Blut Christi verwandeln würden, wenn die Glöckchen in der katholischen Messe erklingen. Die Folge wäre, dass der Leib Christi immer wieder geopfert werden müsste. Es wird aber im Hebräerbrief begründet und betont: „Ein für allemal hat der HERR Jesus das vollgültige Opfer vollbracht" (vgl. Hebräer 9). Jesus Christus wird nicht immer wieder geopfert! Solches Denken hingegen stammt aus der Mysterienreligion in Babylon! Mysteriendenken führt dazu, dass die Leute glauben, wenn sie die Hostie empfangen, werden ihre Sünden vergeben, auch wenn sie gar nicht wirklich an den biblischen Jesus Christus gläubig und bußbereit sind. Die Eucharistie wird wie ein magischer Reinigungsakt vollzogen, der zum Teil auch ins Hochlutherische eingedrungen ist.

Die Sünden werden aber gemäß der Heiligen Schrift nur dann vergeben, wenn ich dem HERRN meine Sünden bekenne und von Herzen Buße tue - und nicht, wenn ich einfach nur eine Oblate empfange. Ohne Glauben nützt das alles nichts. Natürlich dürfen wir das Abendmahl empfangen und das Brot brechen, aber es darf nie zu einem magischen Ritual verkommen. Diese Gefahr ist in der römisch-katholischen Kirche besonders groß. Es wird praktisch jeden Sonntag, bei jeder Messe durchgeführt, und es ist das Zentrum der katholischen Macht über die Seelen ihrer Anhänger. Die Reformatoren haben noch gesagt: Es sei ein „vermaledeiter Götzendienst", was da abläuft (Heidelberger Katechismus). Evangelisch Gläubige sind wegen dieser Lehren in den Tod gegangen. Marie Durand zum Beispiel hat sich über dreißig Jahre einsperren lassen, weil sie sich weigerte, die katholische Messe anzunehmen, weil sie diese als magischen Götzendienst gesehen hat. Sie wollte das biblische Abendmahl. Das ist etwas völlig anderes als die katholische wandlungs-mystische Religion. Dafür ist der goldene Becher in Offenbarung 17 ein Symbol. Gleich werden wir noch hören, wie viele Heilige, wirklich Gläubige, von dieser falschen Religion getötet wurden. Wenn wir auf die Inquisition schauen, werden wir sehen, dass Abertausende Gläubige von der katholischen Kirche hingemetzelt wurden:

- Waldenser
- Hugenotten
- oder andere.

Allein in der Bartholomäusnacht in Frankreich war das Wasser der Flüsse in Paris rot vom Blut der Märtyrer. Es waren die Hugenotten, die damals umgebracht wurden von einer sich christlich nennenden Kirche. Das hatte nichts mehr mit biblischem Glauben zu tun, sondern es ist der Hass der falschen Religion gegen die, die auf dem schmalen Weg mit Jesus Christus wandeln wollten.

Offenbarung 17,5: **Und auf ihrer Stirn war ein Name geschrieben: „Geheimnis, Babylon, die Große, die Mutter der Huren und der Gräuel der Erde."**

Die Huren im alten Rom trugen ein Stirnband, auf dem ihr Name geschrieben sein musste. Deshalb gibt es hier auch diesen Vergleich. Der Name lautet: „mysterion Babylon he megale", „Geheimnis Babylon, die Große", die Mutter der Huren und der Gräuel der Erde.

Babylon und die römisch-katholische Marienverehrung

Wir kommen jetzt zu einem entscheidenden Punkt. Erich Brüning, Hans-Werner Deppe und ich haben in einem gemeinsamen Buch die folgenden Zusammenhänge dargestellt. Dieses Buch ist von modernen und ökumenischen Kirchen-Kreisen viel bekämpft worden. Es heißt: „Projekt Einheit: Rom, Ökumene und die Evangelikalen" (Oerlinghausen 2004). Daraus möchte ich etwas zitieren (aus Seite 35ff.). Man muss folgende Zusammenhänge kennen bezüglich der babylonischen Einflussnahme auf sämtliche Religionen:

„Wenn wir ... zu den tatsächlichen Ursprüngen der Marienverehrung gelangen möchten, müssen wir uns weiter als bis zur Lebenszeit Marias zurück begeben - in alttestamentliche Zeit. Im Buch des Propheten Jeremia brandmarkt Gott den Kult um die ‚Königin des Himmels' (Jer 7,18; 44,17), dem das Volk Israel verfallen war. Bei dieser Himmelskönigin handelte es sich um die babylonische Muttergottheit Ischtar, die von anderen Völkern auch unter dem Namen Astarte oder Aschtarot verehrt wurde. Das Volk Israel hatte sich bis dahin im Lauf seiner Geschichte schon mehrfach diesem Götzendienst zugewandt (z.B. Ri. 2,13; 1. Sam. 7,4), und sogar der König Salomo hatte sich dazu hinreißen lassen (1. Kö. 11,5).

Die kultische Verehrung von Muttergottheiten findet sich in allen antiken Kulturen der Welt; zum Teil in Form vieler verschiedener Göttinnen, wie bei den Griechen z.B. Artemis, Demeter und Aphrodite, denen in der römischen Mythologie wiederum Diana, Ceres und Venus entsprechen. Diese Göttinnen-Verehrung geht auf einen gemeinsamen Ursprung in Babylonien zurück, auf den besagten Kult um die ‚Große Mutter` Ischtar. Historiker sehen die Wurzeln dieses Kults in der Verehrung von Semiramis, der Gattin Nimrods, des allerersten Königs der Erde

(1. Mose 10,8–10) (Dieser Nimrod begegnet uns in der Bibel noch vor dem Turmbau zu Babel. Es ist eine ganz dunkle Gestalt der Urzeit; L.G.), der als gewalttätiger Herrscher Babels ein erster Vorschatten des falschen Erlösers - des Antichrists - ist.

Von Babel bzw. Babylon aus machte sich der Kult der Muttergöttin auf die Reise um die Welt, bald unter verschiedenen Namen aufgeteilt in einzelne Gestalten und Verkörperungen ihrer vielen Eigenschaften, bald wieder vereint in einer Person, die alle Einzelattribute in sich aufsog ...

Zu den besonders beliebten Verkörperungen einer solchen Muttergottheit gehörte die ägyptisch-griechische Göttin Isis, die mit ihrem göttlichen Sohn Horus auf dem Arm geradezu wie eine Madonna bildlich dargestellt wurde, sowie die griechische Göttin Artemis, Jungfrau und Mutter zugleich, mit deren Verehrung durch die Epheser der Apostel Paulus in Konflikt geriet."

Ephesus hat eine besondere Bewandtnis im Zusammenhang mit der katholischen Marienreligion. Das möchte ich jetzt zitieren:

„Ephesus war schließlich mit dem dortigen riesigen Artemis-Tempel ein viel besuchter Wallfahrtsort und ein Zentrum des Kults um diese Göttin, deren ‚herrliche Größe' - so die Gegner des Paulus - ganz Asien und der ganze Erdkreis (griechisch ‚Ökumene') verehrt' (Apg 19,27)."

Jetzt gehen wir einige Jahrhunderte weiter - nach Paulus, der ja fast wegen des Aufruhrs des Goldschmieds Demetrius getötet wurde. Es ging da auch, wie immer, ums Geld. Wir befinden uns nun im 5. Jahrhundert nach Christus:

„Im Jahr 431 fand nämlich gerade in dieser Stadt Ephesus das bedeutendste kirchengeschichtliche Ereignis in Bezug auf die Marienverehrung statt, das vom römischen Kaiser Theodosius II. einberufene ‚Dritte Ökumenische Konzil', das als ‚Konzil zu Ephesus' in die Geschichtsbücher einging. Hier nun wurde Maria der Titel ‚Gottesgebärerin', griechisch **theotokos** offiziell verliehen, was sie praktisch zur ‚Muttergottes' erhob ... So fand also die alte babylonische Mutter-Kind-Verehrung Eingang ins katholische Christentum und entwickelte sich dort zu einem Hauptmerkmal der römischen Kirche."

Die katholische und die biblische Maria

Ephesus ist die gleiche Stadt, in der zur Zeit des Apostels Paulus im 1. Jahrhundert nach Christus der Dianakult geblüht hatte. Dort war die Bevölkerung so geprägt, dass sie 400 Jahre später bei diesem Konzil darauf drängte: „Wir brauchen eine Muttergottheit". Diese wurde wiederbelebt.

Natürlich ehren wir Maria auch als Mutter unseres HERRN Jesus Christus. Sie hat Ihm das irdische Leben geschenkt; aber der Sohn Gottes ist Er allein durch den Heiligen Geist (vgl. Römer 1,3f.). Maria, so behauptet die katholische Kirche, wurde unbefleckt empfangen. So heißt es in ihrem Dogma von der unbefleckten Empfängnis, welches im 19. Jahrhundert durch eine okkulte Vision der jungen Bernadette Soubirous in der Grotte in Lourdes offenbart wurde. 1950/51 wurde das zweite Mariendogma, die Himmelfahrt Marias, behauptet, obwohl sich beides nirgends in der Bibel findet. Wenn man weiterdenkt, dass Maria durch ihre Mutter Anna, wie sie genannt wird, unbefleckt empfangen worden sei, muss man fragen: „War die Anna dann befleckt?" Letztlich kann man bis Adam und Eva zurückgehen und sagen: Dann ist keiner mehr in der Sünde, und wir brauchen letztendlich auch keine Erlösung.

Es gibt heute neben diesen zwei bereits verkündeten, angeblich unfehlbaren Mariendogmen, die ex cathedra (durch das päpstliche Lehramt) verkündet wurden, die Forderung eines katholischen Begehrens in einer Unterschriftensammlung, Maria zur Miterlöserin neben Jesus Christus einzusetzen. So weit ist man schon: Nicht mehr Jesus allein, sondern Jesus und Maria. Dies ist katholische Religion. Die Muttergottheit soll den Sieg behalten. Und sie meinen, das sei alles christlich. Ich möchte keinem etwas Böses unterstellen. Aber der Teufel möchte natürlich Jesus zur Seite schieben und sagen: „Da habt ihr jetzt eine Muttergöttin. Verehrt diese!"

Aber Maria hat nicht für uns ihr Leben gegeben, sie ist nicht am Kreuz für uns verblutet. Sie hat zwar innerlich Schmerzen gelitten, ein Schwert ging durch ihre Seele, wohl als ihr Sohn gekreuzigt wurde (vgl. Lukas 2,35), aber sie hat keine Erlösung vollbracht. Davon ist in der Bibel nirgendwo etwas zu lesen. Es gilt vielmehr: **„Alle** Menschen sind Sünder und bedürfen der Erlösung" (vgl. Römer Kapitel 3). Dazu gehört auch Maria, die Mutter Jesu. Da natürlich Jesus Gottes Sohn ist, kann man sicherlich sagen, dass sie die Mutter des Gottessohnes ist, aber die Bezeichnung „Mutter Gottes" ist zumindest sehr, sehr missverständlich. Sie ist niemals die Mutter Gottes, des Vaters, was dieser Begriff ja auch implizieren könnte. Ich bezeichne Maria daher biblisch einfach als Mutter des Gottessohnes Jesus Christus.

Gender-Ideologie und feministische Vergottung des Weiblichen

Babylon ist die Mutter der Huren und der Gräuel der Erde. Nicht ohne Grund wird heute immer mehr das Weibliche durch die feministische Bewegung betont. So paradox es klingt: Die feministische Bewegung will etwas Ähnliches wie der Marienkult, obwohl sich äußerlich manche Kontroversen zwischen der katholischen Kirche und dem Feminismus ergeben. Sie will nämlich die Frau auf den Thron setzen. Sie will behaupten, die Frau sei der bessere Mensch, ja geradezu das sündlose Wesen. Radikale Feministinnen behaupten lästernd, dass das Menstruationsblut der Frau besser sei als das Blut Jesu und uns erlösen könne. So etwas ist bei radikalen Feministinnen wie Mary Daly u. a. nachzulesen. Dies ist eine schreckliche Lehre von Dämonen, die leider heute immer mehr aufkommt.

Als ich den EU-Reformvertrag von Lissabon studiert habe (und auch schon die Vorläufer-Verfassung für das neue Europa, das ja unter dem Sternenkranz einer Marienerscheinung stehen soll, die fälschlich mit Offenbarung Kapitel 12 in Verbindung gebracht wird), habe ich bei den EU-Grundwerten in Artikel 2 als einen der Grundwerte neben Toleranz, Pluralismus und Nichtdiskriminierung von der „Gleichheit" von Männern und Frauen gelesen. Das ist die Gender-Ideologie: Der Mensch akzeptiert nicht länger, dass er als Mann oder Frau geschaffen wurde, sondern bestimmt jetzt in selbstüberheblicher Weise selber sein Geschlecht. Daraus folgen dann wiederum „die Homo-Ehe" und weitere sexuelle Fehlformen, von denen behauptet wird, dass sie alle normal seien. Die Bibel nennt sie aber Sünde.

Der radikale Feminismus, wie wir ihn heute erleben, hängt mit der Vergöttlichung des Weiblichen zusammen. Ich möchte nichts gegen unsere Frauen sagen. Diese sind ebenso wunderbare Geschöpfe wie die Männer auch. Aber wir brauchen alle den Erlöser, egal, ob wir Mann oder Frau sind. Keiner ist besser von seinem Ursprung her. Wir können nur besser gemacht werden, indem der HERR Jesus uns reinigt und heiligt. Dies brauchen wir alle. Sicher haben Männer vieles falsch gemacht und Frauen unterdrückt. Das ist leider eine Tatsache. Das darf aber jetzt nicht umgekehrt erfolgen, etwa indem sogar von radikalen Feministinnen schon zur Verfolgung der Männer aufgerufen wird.

Berauscht vom Blut der Heiligen

Offenbarung 17,6: **Und ich sah die Frau berauscht vom Blut der Heiligen und vom Blut der Zeugen Jesu. Und ich verwunderte mich sehr, als ich sie sah.**

In diesem Zusammenhang fällt mir zunächst Herodias ein, die Frau, die ihrer Tochter den Befehl gab, Johannes, den Täufer, köpfen zu lassen. Die Tochter von Herodias hatte ja vor dem König Herodes getanzt. Herodias war nicht seine Frau, sondern die Frau seines Bruders Philippus (Matthäus 14,3). Wir lesen in Matthäus 14,4–6: **Denn Johannes hatte zu ihm gesagt: „Es ist dir nicht erlaubt, sie zu haben." Und er wollte ihn töten, fürchtete aber die Volksmenge, denn sie hielten ihn für einen Propheten. Als nun Herodes seinen Geburtstag beging, tanzte die Tochter der Herodias vor den Gästen und gefiel dem Herodes.**

Dies ist übrigens der einzige Tanz im Neuen Testament – und er führt zur Enthauptung des Propheten Johannes des Täufers.

Matthäus 14,7–8: **Darum versprach er ihr mit einem Eid, ihr zu geben, was sie auch fordern würde. Da sie aber von ihrer Mutter angeleitet war, sprach sie: „Gib mir hier auf einer Schüssel das Haupt des Johannes, des Täufers."** Diese Herodias war letztendlich eine Hure. Sie hat es mit verschiedenen Männern getrieben, und Johannes hatte damals in diesem Königreich auf diese Wunde den Finger gelegt. Er hat aus Liebe zu Gott die Folgen getragen und wurde getötet.

Auch der römische Kaiser Nero hatte später Rom in Brand gesteckt, um immer neue Bauwerke zu errichten, um sich selbst einen Namen zu machen. Er wollte selbst der Bauherr des neuen Roms sein. Dann wurde Kritik aus dem Volk laut: „Hat vielleicht unser Kaiser unsere Existenz zerstört?" Daraufhin hat Nero einen Sündenbock gesucht und den Brand auf die

Christen geschoben. Es kam zur ersten großen Christenverfolgung, allerdings vor allem auf Rom und dessen Umgebung konzentriert. Auch hier hatten wir es mit einem Mann zu tun, der viele Frauen hatte, Hurerei betrieb und einen Typus für den Antichristen darstellt. Er hatte sich mit falscher Religion verbündet, wie überhaupt die römischen Kaiser in der damaligen Zeit. Und die Christen wurden den Löwen vorgeworfen. Die Hure Babylon ist berauscht vom Blut der Heiligen.

Später wurden die Gläubigen von weiteren römischen und anderen Kaisern sowie von der Inquisition der Römisch-Katholischen Kirche blutig verfolgt.

Die „bösen Fundamentalisten"

Sucht man heute auch Sündenböcke, wie damals beim Brand Roms? Heute sind es die, die sich nicht auf den breiten Weg ziehen lassen, die nicht bei der großen Vermischung mitmachen. Das sind dann „die bösen Fundamentalisten". Der Begriff „Fundamentalisten" kommt von engl. „fundamentals", die Grundlagen des Glaubens. Dazu gehört

- die Irrtumslosigkeit der Heiligen Schrift
- die Gottessohnschaft Jesu
- die Jungfrauengeburt Jesu
- der Sühnetod Jesu
- die leibliche Auferstehung Jesu
- die Himmelfahrt und Wiederkunft Jesu

Das sind Glaubensartikel, die auch unsere Väter, die Reformatoren, geglaubt haben. Sie würden heute alle in die fundamentalistische Schublade gesteckt. Wir befinden uns in guter Gesellschaft, wenn wir am Wort Gottes festhalten, wenn wir an unserem HERRN festhalten. Man möchte es heute nicht mehr dulden, dass jemand sagt: „Jesus ist die einzige Wahrheit". So sucht man Sündenböcke. Bibeltreue Christen wurden beispielsweise auch schon in einer Resolution des Europäischen Rats im Jahr 2007 verurteilt, in welcher über die biblische Schöpfungslehre gesagt wurde, dass sie keinen Platz im Biologieunterricht haben darf, sondern dass allein die Evolutionslehre sachlich sei.

Staunen über die Ausbreitung einer unbiblischen Ökumene

Offenbarung 17,7: **Und der Engel sprach zu mir: „Warum verwunderst du dich? Ich will dir das Geheimnis der Frau sagen und des Tieres, das sie trägt, das die sieben Köpfe und die zehn Hörner hat."**

Warum wunderte sich Johannes über diese Frau? Die Hure Babylon tarnt sich so gut und ist für den Normalbürger so schwer zu durchschauen, dass man erstaunt erkennt: „Mensch, das war ja schon Vermischung! Und ich bin vielleicht schon mittendrin und muss mich davon absondern." **„Geht aus von ihr"** heißt es.

Wie steht es heute in unseren Gemeinden? Erkennen wir noch, wo der Sauerteig der Sünde, der Weltvermischung, der Religionsvermischung, der falschen Ökumene, vor allem auch mit Rom eindringt? Ich erinnere an die Evangelische Allianz, die in ihren Spitzengremien keine Scheu mehr hat, mit Katholiken und verschiedenen Sekten, die man früher noch ganz klar als Sekten erkannt hat, zusammenzuarbeiten. Heute ist das alles um des höheren Ziels der Einheit willen aufgegeben. Es gibt gegen falsche Richtungen kaum noch Grenzziehungen. Man fragt nicht mehr nach der Wahrheit, sondern will die große Einheit verwirklichen.

Die Allianz ist übrigens im Jahre 1848 genau 100 Jahre vor dem Ökumenischen Rat gegründet worden. Der Ökumenische Rat hat sich 1948 bewusst zu dem 100-jährigen Jubiläum der Allianz gegründet. Die Allianz wollte ein Brüderbund sein. Das ist an sich lobenswert, wenn das Bündnis nicht über klare Grenzen der Wahrheit der Heiligen Schrift hinausgeht. Aber die Ökumene wollte dann ein Kirchenbund sein und hat längst die Grenzen überschritten zwischen Wahrheit und Lüge, zwischen Licht und Finsternis. Leider ist die Allianz jetzt auch auf dem gleichen Weg, weil sie immer stärker den Kontakt zur Weltökumene sucht. Man pflegt neuerdings gute Beziehungen zu diesen Kreisen, arbeitet sogar mit an einem „Verhaltenskodex für Bekehrungen", um der Mission zum Teil unbiblische

Grenzen zu stecken. Das ist eine traurige Entwicklung. Diese passt aber dazu, dass das Gericht am Hause Gottes beginnt (vgl. 1. Petrus 4,17). Wir müssen gar nicht mit dem Finger auf andere zeigen. Wir müssen auf uns selbst aufpassen, auf unsere Gemeinden und Kreise.

Sieben Köpfe und zehn Hörner

„Ich will dir das Geheimnis der Frau sagen und des Tieres, das sie trägt, das die sieben Köpfe und die zehn Hörner hat", lesen wir weiter. Jetzt kommt die geheimnisvolle Stelle, die ich bereits im Zusammenhang mit Offenbarung 13 ausführlich ausgelegt habe (siehe den Band „Der Antichrist und sein falscher Prophet"). Deshalb kann ich mich hier kürzer fassen:

Offenbarung 17,8-11: **Das Tier, das du gesehen hast, war und ist nicht mehr, und es wird aus dem Abgrund heraufkommen und ins Verderben laufen; und die auf der Erde wohnen, deren Namen nicht geschrieben stehen im Buch des Lebens von Grundlegung der Welt an, werden sich verwundern, wenn sie das Tier sehen, das war und nicht ist und doch ist. Hier ist der Verstand nötig, der Weisheit hat: Die sieben Köpfe sind sieben Berge, auf denen die Frau sitzt. Und es**

sind sieben Könige. Fünf sind gefallen und der eine ist da; der andere ist noch nicht gekommen, und wenn er kommt, muss er für eine kurze Zeit bleiben. Und das Tier, das war und nicht ist, ist auch selbst der achte, und es ist einer von den sieben, und es läuft ins Verderben.

Anschließend werden die zehn Hörner beschrieben. Die sieben Köpfe, und es gibt noch einen achten, sind Reiche, die zeitlich, historisch aufeinander folgen. Es sind verschiedene Weltreiche. Manche haben sie auch auf verschiedene römische Kaiser oder Konsulen wie Plebejer und Patrizier usw. gedeutet. Aber die einleuchtendste Deutung ist, dass sie sich auf die großen Weltreiche dieser Erde beziehen. Diese ergeben nämlich genau diese Zahl. Ich werde das gleich noch näher entfalten. Es sind also die historischen Reiche, von denen fünf vergangen sind, aber die anderen noch sehr aktuell geblieben oder neu geworden sind.

Die zehn Hörner sind, nach meiner Erkenntnis, zehn Verwaltungsbezirke, in die die Welt, das Reich des Antichristen eingeteilt wird, die dann ihre Kraft und Macht dem Tier geben. Diese zehn Verwaltungsbezirke empfangen für **eine** Stunde das Reich mit dem Antichristen. So wird es hier beschrieben.

Die sieben (bzw. acht) großen Weltreiche sind die folgenden:

- 1. Weltreich: Ägypten
- 2. Weltreich: Assyrien
- 3. Weltreich: Babylon
- 4. Weltreich: Medopersien
- 5. Weltreich Griechenland.
- 6. Weltreich: Rom
- 7. Weltreich: Das neue Rom (Weltreich mit Zentrum in Europa)
- 8. Weltreich: Reich des Antichristen, welches mit dem 7. Reich identisch ist.

Wie man weiß, sind sie die fünf ersten Reiche untergegangen. Dann folgt Rom als 6. Reich. Darüber sind sich die meisten Ausleger einig. Hier ist die Zahl 6 (Zahl des Menschen) auffallend. Das 7. Weltreich ist das wiedererstehende Römische Reich. Denn es heißt ja hier sehr geheimnisvoll: **„Das Tier, das war und ist nicht mehr, und es wird aus dem Abgrund heraufkommen."** Das Römische Reich entsteht also wieder. Ich persönlich betrachte das europäische Reich, das jetzt entstanden ist, als Zentrum des antichristlichen Reiches. In diesem liegt auch Rom mit seiner falschen Religion als Konglomerat, als Bindemittel sämtlicher falscher Religionen und Konfessionen.

Das Gräuelgebet von Assisi

Wer es nicht glaubt, muss nur einige Jahrzehnte zurückgehen. Über das Fernsehen wurde die Veranstaltung per Bild weltweit gesendet, bei welcher der römische Papst in der Mitte stand. Auf der einen Seite des Papstes sah man die Führer der christlichen Kirchen (die sich noch so nennen), wie Anglikaner, Lutheraner, Methodisten, Baptisten usw. (Nicht alle Mitglieder dieser Kirchen teilen die Aktionen ihrer Führer! Aber: „Der Fisch fault vom Kopf her.") Auf der anderen Seite des Papstes standen der Dalai Lama, der shintoistische Führer, Buddhisten, Moslems, auch Vertreter des Judentums (Letzteres besitzt eine Sonderrolle gemäß Römer 9–11). Bei dieser Veranstaltung - es handelte sich um das „Friedensgebet" in Assisi / Italien im Jahre 1986 - waren sämtliche Religionsführer anwesend bis hin zu denen, die Ahnengeister verehren, Animisten, Medizinmänner mit ihrem Federbusch. Beten diese denn jetzt plötzlich alle zum gleichen Gott? Johannes Paul II. hat damals in seiner Rede behauptet: „Das Ziel, den Weltfrieden zu bewahren, übersteigt alle religiösen Unterschiede."

Hier liegt jedoch ein großer Denkfehler vor! Man kennt die Heilige Schrift nicht oder man will sie nicht mehr kennen. Gottes Wort sagt nämlich in Jesaja 48,18, unmissverständlich: **„Ach, hättest du doch Meine Gebote geachtet! Dann wäre wie der Strom dein Friede gewesen und deine Gerechtigkeit wie die Wogen des Meeres!"** Aber wenn man schon das Erste Gebot (2. Mose 20,2ff.) übertritt, wie kann man dann Frieden für die Welt und auch für das Herz erhoffen? In Assisi und den zahlreichen Folgeveranstaltungen seither geschah genau das, was die gesamte biblische Heilsgeschichte als babylonischen Götzendienst und Abfall vom Glauben brandmarkt. Ich sehe das Gräuelbild von Assisi noch direkt vor mir: Johannes Paul II.

inmitten dieser absoluten Vermischung der Religionen und Konfessionen. Hier wird irdischer Friede über göttliche Wahrheit gestellt. Das ist ein schrecklicher Gräuel und eine rein politische Sicht ohne geistliche Erkenntnis. Man sieht alles rein immanent (innerweltlich), politisch und vergisst und blendet völlig aus die biblisch-geistliche Dimension. Dadurch verfällt man aber genau der babylonischen Verführung:

- Einheit ohne Wahrheit
- Irdischer Friede - ohne Friede mit Gott in Seinem Sohn Jesus Christus allein

Dieser Unterschied ist ganz wichtig. Ihn können nur geistliche Menschen verstehen (1. Korinther 2). Geistliche Dinge können nur von geistlichen Menschen verstanden werden, die durch Gottes Geist wiedergeboren sind. Deshalb erkennen es so viele nicht mehr, weil sie den Geist Gottes nicht haben. Möge uns der HERR gnädig sein, damit wir die Geister wirklich unterscheiden können!

Das Tier, das war und nicht ist und kommt

Was besagt folgende Stelle? Offenbarung 17,11: **Und das Tier, das war und nicht ist, ist auch selbst der achte, und es ist einer von den sieben, und es läuft ins Verderben.**

Das Tier geht aus dem neu entstehenden Römischen Reich mit dem Zentrum im vereinten Europa hervor, welches eine diktatorische Gesetzgebung hat. (Ich habe die neuen europäischen Grundwerte und Gesetze in meinem Buch „Diktatur Europa“ analysiert.) Hier erleben wir eine schreckliche Entwicklung! Das Tier, das nicht ist, ist auch selbst der achte. Das heißt, dass der Antichrist (er in Person oder sein Reich) eine tödliche Wunde bekommt (Offenbarung 13) und dann wieder aufsteht. Er setzt sich selbst wieder an die Stelle, und deshalb ist er einer von den sieben, als siebtes Reichstier. Er ist auch der achte, weil er am Schluss als „redivivus“, als „wieder belebter“ europäischer oder weltweiter Herrscher fungiert. Und die Könige (Regenten) der Erde geben ihre Macht dem Tier.

Aber es geschieht dann etwas Erstaunliches. Die weltlichen Herrscher lassen die Hure fallen, wenn sie sie nicht mehr brauchen. Wenn diese Religionsvermengung ihren Dienst getan hat, kann man sie abschütteln und das wahre Gesicht der dämonischen Welteinheitsreligion offenbaren. Dann wird nur noch der Antichrist auf seinem Thron verehrt. Alles andere, die ganzen Kulte, die es noch in den Religionen gab, werden abgetan. Nein, der Antichrist regiert dann allein. Der falsche Prophet macht die Verehrung dieses Tieres perfekt: Überall wird man sein Bild, sein Standbild, sein Denkmal verehren. Es wird sich in den Massenmedien zeigen und über sämtliche Kanäle der modernen Kommunikationsmittel verbreitet. Es wird in jedes Zimmer, in jedes Herz hineingeimpft werden, und es wird heißen: „Wir marschieren für diesen Führer." Das ist eine ganz gefährliche Parole. Wir haben schon einmal einen Führer gehabt. Wir wollen keine solchen Führer mehr.

Das Lamm behält den Sieg

Offenbarung 17,13: **Diese haben einen einmütigen Sinn** (oder **einerlei Meinung), und sie übergeben ihre Macht und Herrschaft dem Tier.**

Diese Könige, die dem Tier ihre Macht und Herrschaft geben, werden mit dem Lamm Krieg führen. Und jetzt kommt das Wunderbare: Offenbarung 17,14: **Diese werden mit dem Lamm Krieg führen, und das Lamm wird sie besiegen; denn es ist der HERR der Herren und der König der Könige, und mit Ihm sind die Berufenen, Auserwählten und Gläubigen.** Das Lamm wird sie bei der Schlacht von Harmagedon mit dem Hauch Seines Mundes besiegen (Offenbarung 16). Dieser Sieg wird auch noch einmal in Offenbarung 19 erwähnt, der Triumph des Lammes, unseres HERRN Jesus Christus. Die Berufenen, Auserwählten und Gläubigen werden mit Ihm im Tausendjährigen Reich herrschen und dann auch in der Ewigkeit.

Abschließend wird noch einmal erklärt: Offenbarung 17,15-16: **Und er sprach zu mir: „Die Wasser, die du gesehen hast, wo die Hure sitzt, sind Völker und Scharen und**

Nationen und Sprachen. Und die zehn Hörner, die du auf dem Tier gesehen hast, diese werden die Hure hassen und sie verwüsten und entblößen, und sie werden ihr Fleisch verzehren und sie mit Feuer verbrennen."

Es fällt auf, dass die Könige später selber darüber klagen, dass sie die Hure verbrannt haben. In Offenbarung 18 finden wir das Klagelied der Könige über die Hure: **„Wehe, wehe, wie schnell ist sie gefallen!"** Das hätten sie nicht gedacht, dass es so schnell gehen wird. Aber auch hier sind sie Ausführungsorgane Gottes. Wir sehen, dass auch hier der HERR im Regiment sitzt, in allem: Offenbarung 17,17: **Denn Gott hat ihnen ins Herz gegeben, Seine Absicht auszuführen und in einer Absicht zu handeln und ihr Reich dem Tier zu geben, bis die Worte Gottes erfüllt sind.**

Falsche Lehren breiten sich aus

Gott hat ihnen ins Herz gegeben, Seinen Plan auszuführen. Die Hure ist die letzte Ausreifung des Bösen zusammen mit dem Antichristen. Die verderbte Kirche muss sich in ihrer ganzen Macht offenbaren. Es ist nicht allein die römisch-katholische Kirche, es ist das babylonische System der Vermischung von Gemeinde und Welt in allen Konfessionen. Wenn ich die Römisch-Katholische Kirche kritisiere, dann meine ich hiermit nicht den einzelnen Katholiken. Es gibt viele Katholiken, die gar nichts davon wissen, was sie eigentlich gemäß katholischem Dogma glauben müssten. Sie kennen vielleicht „nur die Bibel" und haben die Dogmen der katholischen Kirche gar nicht gelesen. Ich war selber bis zu meinem 18. Lebensjahr Katholik und wusste lange Zeit gar nicht, was die katholischen Dogmen alles von mir verlangen. In ihnen finden sich z.B. folgende unbiblischen Lehren

- die Himmelfahrt Marias
- die Unfehlbarkeit des Papstes
- die Verehrung von Reliquien, also Knochen von Verstorbenen
- und vieles andere.

Falsche Lehren finden sich auch in anderen Kirchen und Konfessionen, nicht nur im römischen Katholizismus. Aber das römisch-katholische System ist ein System als Gipfel der Hurerei. Es hat viele Tochterhuren erzeugt, die der römisch-katholischen Einheit zustreben. Sein Einfluss reicht längst bis in evangelische und evangelikale Kreise hinein. Und alle, die in dieser Ökumenisierung mitmachen, stehen in großer Gefahr, dem antichristlichen Reich zu verfallen!

Politscher und religiöser Führer

Der Antichrist ist ein politischer Führer. Das erkennen wir unter anderem daran, dass er später die Hure fallen lässt, wenn er die babylonische Mischreligion nicht mehr benötigt. Dann wird nur noch der Politiker, sozusagen als neuer Messias, verehrt, der Pseudomessias, der „antichristos". Die Hure ist die falsche Religion. Und der falsche Prophet (evtl. ist es auch der Islam) wird sicherlich eine Zeitlang mit dieser Hure (der abgefallenen Christenheit) zusammenarbeiten, sie aber dann fallen lassen, weil er selbst ausreicht, um falsche Zeichen und Wunder zu vollbringen. Der falsche Prophet ist selber ein religiöser Führer.

Vers 17: **„Denn Gott hat ihnen ins Herz gegeben, Seine Absicht auszuführen und in einer Absicht zu handeln** (mit **einem** Sinn also; das ist die Einheitsideologie) **und ihr Reich dem Tier zu geben, bis die Worte Gottes erfüllt sind.**

Es handelt sich also um eine begrenzte Zeit. Wie lange dauert dieser Zeitraum? Sieben Jahre (vgl. Daniel 9)! Und dadurch, dass diese sieben Jahre in zwei Hälften eingeteilt werden, welche wiederum in drei Zeitangaben vorkommen (3 ½ Jahre, 42 Monate oder 1.260 Tage), denke ich, dass dieser Zeitraum wörtlich zu nehmen ist. Das zeigt uns diese göttliche Begrenzung des Gerichts-Zeitraums, dieses göttliche „bis“. Gott hat diesem Reich eine Grenze gesetzt, eine deutliche und unverrückbare Grenze.

Deutliche Hinweise auf Rom

Offenbarung 17,18: **Und die Frau, die du gesehen hast, ist die große Stadt, die Herrschaft ausübt über die Könige der Erde.**

Das ist für mich der letzte Hinweis, dass es sich bei dieser Frau um Rom, um die römische Kirche handelt. Sie repräsentiert einen Jurisdiktionsprimat (Vorrang in der Rechtsprechung) des Papstes. Das heißt, dass laut der katholischen Lehre der Papst die Rechtsprechungsgewalt über alle Könige der Erde beansprucht. Wenn irgendwelche Reiche oder Regierungen einen Konflikt haben, können und sollen sie zum Papst kommen und dort ihre Sache schlichten lassen - die katholischen Herrscher sowieso, und die anderen können auch zu ihm kommen. Deshalb pilgern ununterbrochen Politiker zum Papst, auch unsere Spitzenpolitiker. Er gilt als der oberste Herrscher über die Erde, als Fürst dieser Welt.

Eine weitere Bestätigung, dass mit der großen Stadt Rom gemeint ist, findet sich schließlich auch im 1. Petrusbrief, 5,13: **Es grüßt euch die Mitauserwählte in Babylon und Markus, mein Sohn. Grüßt einander mit dem Kuss der Liebe!**

Das hat Petrus mit großer Wahrscheinlichkeit zur Zeit Neros geschrieben, als der große Brand Neros in Gang gesetzt war und die Christenverfolgung losgebrochen ist. Nicht nur aus der Tradition, sondern auch aus diesem Brief kann man folgern, dass Petrus wohl doch in Rom war und aus Babylon, sprich Rom, gegrüßt hat. Das ist die Meinung der meisten Ausleger. Deshalb wird hier Babylon als Deckname für das kaiserliche Rom zur Zeit Neros, eines der Vorläufer des Antichristen - es sind ja viele gekommen (1. Johannesbrief 2) - gebraucht.

Es gibt auch den Hinweis auf Rom in Form von den sieben Bergen. Offenbarung 17,9: **Hier ist der Verstand nötig, der Weisheit hat: Die sieben Köpfe sind sieben Berge, auf denen die Frau sitzt. Und es sind sieben Könige.** Die Formulierung „die sieben Berge" ist ein deutlicher Hinweis auf Rom, die Stadt der sieben Hügel, aber auch auf die sieben Könige. Der Begriff umfasst beide Bedeutungen. Das eine muss das andere nicht ausschließen. So erblicken wir Rom als Zentrum

- des babylonischen Reiches,
- der babylonischen Religion,
- der Verfälschung des Wortes Gottes

und alle, die dabei mitmachen und sich in die religionsvermischende „Assisi-Strömung" hineinziehen lassen, sind gefährdet, diesem babylonischen Sauerteig zu verfallen. Möge der HERR uns davor bewahren. Amen.

Babylons Fall
Offenbarung 18

Am Ende von Kapitel 17 wurde bereits deutlich, dass die Hure auf dem scharlachroten Tier, dem Antichristen, geritten ist. Der Antichrist hat sie gebraucht, um sein System als falsches religiös-ökumenisches Triebmittel aufzubauen. Nachdem er sein Ziel erreicht hat, lässt er sie fallen. Und die Könige, die zum Antichristen gehören, bekommen den Auftrag, diese Hure zu hassen, sie zu verwüsten und zu entblößen. Sie werden ihr Fleisch verzehren und sie mit Feuer verbrennen.

Offenbarung 17,17: **Denn Gott hat ihnen ins Herz gegeben, Seinen Plan auszuführen.**

Hinter allem steht Gottes Plan, auch hinter dem, was wir hier über die Hure Babylon lesen. Es **muss** so kommen, weil das Böse ausreift. Gott prüft Seine Gemeinde, ob sie Ihm treu bleibt oder ob sich der Teil der Namenschristenheit, der sich in Wirklichkeit auf dem breiten Weg befindet, offen als babylonische Hure entwickelt und die Religionsökumene praktiziert. Wo dies geschieht, findet eine Vermischung unvereinbarer Dinge - Wahrheit und Lüge, Licht und Finsternis - statt. Alles kommt quasi in einen Topf. Daraus erwächst dann die Hurerei, die Vermischung der Religionen und auch die Anbiederung an die Mächtigen dieser Welt.

Nun hören wir aber das Erfreuliche von Babylons Fall, so wie ihn Gott gesandt und in Seinem Plan vorbereitet hat.

Und nach diesem sah ich einen anderen Engel aus dem Himmel herabsteigen, der hatte große Vollmacht; und die Erde wurde erleuchtet von seiner Herrlichkeit. Und er rief kraftvoll mit lauter Stimme und sprach: „Gefallen, gefallen ist Babylon, die Große und ist eine Behausung der Dämonen geworden und ein Gefängnis aller unreinen Geister und ein Gefängnis aller unreinen und verhassten Vögel. Denn von dem Glutwein ihrer Unzucht haben alle Völker getrunken, und die Könige der Erde haben mit ihr Unzucht getrieben, und die Kaufleute der Erde sind von ihrer gewaltigen Üppigkeit reich geworden."

Und ich hörte eine andere Stimme aus dem Himmel, die sprach: „Geht hinaus aus ihr, Mein Volk, damit ihr nicht ihrer Sünden teilhaftig werdet und damit ihr nicht von ihren Plagen empfangt! Denn ihre Sünden reichen bis zum Himmel, und Gott hat ihrer Ungerechtigkeiten gedacht. Vergeltet ihr, wie auch sie euch vergolten hat und zahlt ihr das Doppelte heim gemäß ihren Werken! In den Becher, in den sie euch eingeschenkt hat, schenkt ihr doppelt ein! In dem Maß, wie sie sich selbst verherrlichte und üppig lebte, gebt ihr nun Qual und Leid! Denn sie spricht in ihrem Herzen: ‚Ich throne als Königin und bin keine Witwe und werde kein Leid sehen.'

Darum werden an einem Tag ihre Plagen kommen: Tod und Leid und Hunger, und sie wird mit Feuer verbrannt werden, denn stark ist Gott, der HERR, der sie richtet. Und es werden sie beweinen und sich ihretwegen an die Brust schlagen die Könige der Erde, die mit ihr Unzucht getrieben und üppig gelebt haben, wenn sie den Rauch ihrer Feuersbrunst sehen. Und sie werden von Ferne stehen aus Furcht vor ihrer Qual und sagen: ‚Wehe, wehe, du große Stadt Babylon, du gewaltige Stadt, denn in einer Stunde ist dein Gericht gekommen!' Und die Kaufleute der Erde weinen und trauern über sie, weil niemand mehr ihre Ware kauft. Ware von Gold und Silber und Edelsteinen und Perlen und feiner Leinwand und Purpur und Seide und Scharlach und allerlei Thujaholz und allerlei Elfenbeingeräte und allerlei Geräte aus wertvollstem Holz und aus Erz und Eisen und Marmor und Zimt und Räucherwerk und Salbe und Weihrauch und Wein und Öl und Feinmehl und Weizen und Vieh und Schafe und Pferde und Wagen und Leiber und Seelen der Menschen. Und die Früchte, nach denen deine Seele begehrte, sind dir entschwunden, und aller Glanz und Flitter ist dir entschwunden, und du wirst sie niemals mehr finden.

Die Verkäufer dieser Waren, die von ihr reich geworden sind, werden aus Furcht vor ihrer Qual von ferne stehen. Sie werden weinen und trauern und sagen: ‚Wehe, wehe, die große Stadt, die bekleidet war mit feiner Leinwand und Purpur und Scharlach und übergoldet mit Gold und Edelsteinen und Perlen! Denn in einer Stunde wurde dieser so große Reichtum verwüstet.' Und jeder Kapitän und die ganze Menge derer, die auf den Schiffen sind, und die Matrosen und alle, die auf dem Meer arbeiten, standen von ferne und riefen, als sie den Rauch ihrer Feuersbrunst sahen: ‚Wer war der großen Stadt gleich?' Und sie warfen Staub auf ihre Häupter und riefen weinend und trauernd: ‚Wehe, wehe, die große Stadt, in der alle, die Schiffe auf dem Meer hatten, reich gemacht wurden durch ihren Wohlstand! Denn in einer Stunde ist sie verwüstet worden.' Freut euch über sie, du Himmel und ihr heiligen Apostel und Propheten! Denn Gott hat euch an ihr gerächt."

Und ein starker Engel hob einen Stein auf, wie ein großer Mühlstein, und warf ihn ins Meer und sprach: ‚So wird Babylon, die große Stadt mit Wucht hingeschleudert und nicht mehr gefunden werden" Und der Klang der Harfenspieler und Sänger und Flötenspieler und Trompeter wird nicht mehr in dir gehört werden, und kein Künstler irgendeiner Kunst wird mehr in dir gefunden werden, und der Klang der Mühle soll nicht mehr in dir gehört werden. Und das Licht des Leuchters wird nicht mehr in dir scheinen und die Stimme des Bräutigams und der Braut nicht mehr in dir gehört werden; denn deine Kaufleute waren die Großen der Erde; denn durch deine Zauberei wurden alle Völker verführt. Und in ihr wurde das Blut der Propheten und Heiligen gefunden und aller derer, die hingeschlachtet worden sind auf Erden."

Es ist ein langes Kapitel. Deshalb möchte ich in diesem Fall nicht Vers für Vers vorgehen, sondern Punkt für Punkt. Ich habe einige wesentliche Punkte zusammengefasst und möchte sie in drei große Teile gliedern:

A. Kennzeichen und Eigenschaften von Babylon
B. Das Gericht über Babylon
C. Das Verhalten der wahren Gläubigen und der wahren Gemeinde

A. Kennzeichen und Eigenschaften von Babylon

Einige der wichtigsten Kennzeichen, die in Kapitel 18 und auch schon in Kapitel 17 genannt werden, sind die folgenden:

1. Babylon ist eine Behausung der Teufel und alles Unreinen. Es ist die falsche Religion, die abgefallene Kirche, die sich mit der Welt einlässt, die mit den Mächtigen buhlt, die nach dem Reichtum strebt. Es ist nicht mehr der Geist Gottes, der sie treibt, sondern der Geist dämonischer Mächte. Sie betreibt Vermischung statt Absonderung; Unzucht statt Reinheit; wandelt auf dem breiten Weg des Verderbens statt auf dem schmalen Weg des Heils. (Offenbarung 18,2)
2. Alle haben sich mit ihr eingelassen, die einen Nutzen von ihr haben; und sie hat sich mit allen eingelassen, von denen sie einen Nutzen hat. Das ist ein Geben und Nehmen mit der Welt. Könige, Völker, Kaufleute, Schiffsleute, Handelsbeziehungen, mit allen hat sie sich vereinigt, außer mit denen, die im Lebensbuch des Lammes stehen. Diese haben sich abgesondert und sind dem HERRN Jesus treu geblieben. (Offenbarung 18,3) Dort heißt es ja unter anderem: **„Von dem Glutwein ihrer Unzucht haben alle Völker getrunken."**
3. Auch von ihren Reichtümern lesen wir in Offenbarung 18, 3. Dort heißt es: **„... und die Kaufleute der Erde sind von ihrer gewaltigen Üppigkeit reich geworden."**

Der Hure Babylon geht es um materielle, irdische Macht und um Ruhm. Sie strebt nicht nach dem Himmelreich, sondern nach Einfluss in dieser Welt. Sie baut große Kirchen und Kathedralen und ist nicht bereit, in die Untergründe und Katakomben zu gehen. Sie möchte große politische Programme verwirklichen. Sie möchte von den Politikern, den Wirtschaftsleuten, den Mächtigen anerkannt sein und ist nicht bereit, den Weg der Verfolgung, Verspottung und Verachtung zu gehen. Sie will Reichtümer, und Armut lehnt sie ab.

4. Ihre Sünden reichen bis an den Himmel (Offenbarung 18, 5). Götzendienst und Vermischung, das ist die Ursünde gegen Gott, das Streben, selbst wie Gott zu sein, sich selbst zum Gott zu machen oder sich falsche Götter zusammenzubauen. Das müssen nicht unbedingt gegossene Figuren sein. Götzendienst kann sich auf das eigene Wesen beziehen, das verehrt wird, auf den Mammon oder irgendeine Ideologie oder selbst gemachte Religion, durch die sich der Mensch selbst erlösen will. Wenn man sich davon nicht deutlich abgrenzt, verfällt man der hurerischen, babylonischen Vermischung. Skrupellos verstößt sie gegen Gottes Ordnungen, insbesondere gegen das erste Gebot: **„Du sollst keine anderen Götter haben neben Mir“**, spricht der HERR. Als Beispiel könnte hier wieder Assisi dienen, die sogenannten Friedensgebetstreffen, bei welchen der irdische Friede über der Wahrheit Gottes, des alleinigen wahren Gottes, steht. Bei solchen „betet“ jeder zu seinem Gott, zu seinem Götzen, Ahnengeist, dämonischen Geist, Manitu und wie sie alle heißen. Das hat man auf diesen so genannten Weltfriedensgebeten vor Augen und wird auf Kirchentagen und an anderen Orten immer häufiger durchgeführt. **„Aber irret euch nicht! Gott lässt sich nicht spotten. Was der Mensch sät, das wird er ernten“** (Galater 6,7). Wir werden dies gleich sehen, wenn das Gericht über die Hure beschrieben wird.
5. Die Hure Babylon fühlt sich als Königin, wird aber arm und bloß sein. Ihre Schande, ihre Blöße wird offenbar

werden. In Offenbarung 18,7 führt sie ein Selbstgespräch. Sie betet nur sich selbst an. Sie betet nicht zum wirklichen Gott, sondern sie spricht zu sich selbst, so wie der törichte Kornbauer, der die Scheunen voll sammelte und sagte: „Liebe Seele, nun hast du Ruhe!" Er sprach mit sich selbst (Lukas 12,16–21). Die Hure beruhigt sich und sagt zu sich selbst: **„Ich throne als Königin und bin keine Witwe und werde kein Leid sehen."** Wir werden nachher noch eine Stelle lesen, in der sich ähnliche Formulierungen schon im Alten Testament bei den Propheten finden. Bei diesen ging es um das irdische Babel, das historische Babel, als eine der Vorschattungen für dieses endzeitliche Babel. Dort hieß es auch: **„Ich bin keine Witwe"**, und es ist doch eine Witwe (s.u.). Die Hure fühlt sich selbst als Königin. Aber an **einem** Tag werden die Plagen von Gott über sie kommen, so sagt uns Offenbarung 18,8.

6. Sie will nicht mit Jesus leiden. Sie zeigt keine Leidensbereitschaft. Die wahre Gemeinde Jesu dagegen ist bereit, für den HERRN zu leiden und auch mit Ihm das Martyrium auf sich zu nehmen. Aber die Hure sagt: „Nein, nein, leiden will ich auf keinen Fall - Anerkennung ja, aber leiden, nein!" Sie schwimmt mit dem Trend mit. So wie die toten Fische mit dem Strom schwimmen, schwimmt die falsche Kirche, die falsche Religion mit dem Zeitgeist und stellt sich diesem Trend nicht entgegen. Eines der neuesten Phänomene (Erscheinungen) ist die Emerging Church, in der man postmoderne Elemente (nachmoderne Bestandteile) in die Gemeinden aufnimmt. Das tut man sicherlich mit einem vordergründigen missionarischen Anliegen. Aber letztendlich überwuchert der Zeitgeist die Gemeinden, so dass sie am Ende nicht mehr wiederzuerkennen sind. Sie verlieren immer mehr ihre Leuchtkraft und werden früher oder später von der Welt aufgesogen. Das ist eine tragische Entwicklung! Die Hure will nicht mit Jesus leiden, sondern mit dem Trend mitschwimmen. Wer sich mit dem Zeit- und Weltgeist einlässt, der wird aber bald zum Witwer oder zur Witwe. Dieser Zeit- und Weltgeist,

nämlich dann der Antichrist in Person, lässt die Hure fallen, wenn er sie nicht mehr braucht. Er benötigt die Hure, die falsche Kirche und Religion nur, um die Gemeinde aufzuweichen, aufzubrechen, zu verändern, umzupolen, umzugestalten und von ihrem Zentrum, dem Kreuz von Golgatha wegzuführen. Stattdessen gelangen andere Zentren in die Mitte: ob es die Marienverehrung ist, ob eine neue Mystik, ob gewisse charismatische Erfahrungen, bei welchen die Erfahrungsreligion die Wortoffenbarung verdrängt, oder ob es irgendwelche politischen und sozialen Weltveränderungs- und Weltverbesserungsprogramme („social gospel", „soziales Evangelium") sind. In vielen Kirchen heute weit verbreitet ist das Programm „Frieden, Gerechtigkeit und Bewahrung der Schöpfung" als neues, innerweltliches „Evangelium", welches das alte, biblische Evangelium vom Kreuz verdrängt. Der Mensch will kein Kreuz mehr tragen, sondern er will das Kreuz beseitigen und selbst das Tausendjährige Friedensreich aufrichten. Aber was erwächst daraus? Wir kennen es aus der Geschichte: Diktatur über Diktatur. Auch jetzt sind die Bestrebungen mit dem vereinten Europa im Gange. Die Diktatur Europa bahnt sich an. Das ist eine ernste Sache. Wir stehen unmittelbar davor. Zunehmend löst sich alles auf in die Europäische Union, das Zentrum des wiedererstehenden Römischen Reiches, hinein.

7. Die Hure Babylon hat Waren jeder Art verkauft, selbst Menschenleiber und -seelen. Das ist ein Schockeffekt, wenn man dies liest. Da wurden zuerst wunderschöne Waren aufgezählt, die Gott ja alle gut geschaffen hat. Aber plötzlich sind bei den Waren auch Menschenseelen und Menschenleiber dabei. Die Sklaverei war ein Kennzeichen des Altertums, und sie wurde praktiziert bis in die Neuzeit hinein. Wenn wir in der Bibel den Philemonbrief lesen, sehen wir, wie fein und befreiend die Botschaft ist, die der Apostel Paulus an Philemon schreibt. Er soll den Onesimus, einen entflohenen Sklaven, nicht bestrafen. Er soll ihn vielmehr als gleichwertigen Bruder annehmen, denn jeder Mensch ist vor Gott gleich wert

als Geschöpf Gottes. Ein Geschöpf Gottes ist allerdings noch kein Kind Gottes. Zum Kind Gottes werden wir erst durch die Wiedergeburt im Glauben an den HERRN Jesus Christus (Johannes 3). Das wird leider von vielen Kreisen bewusst verwechselt. Sie sagen: „Alle Menschen sind Kinder Gottes." Das ist falsch. Wir sind Geschöpfe Gottes, aber noch längst nicht alle Kinder Gottes. Die Hure besitzt Sklaven. Ja, in ihrem Reich wird die Sklaverei wieder eingeführt – grausam und schrecklich! Ich möchte hier nur kurz auf die Waren, die in Offenbarung 18,11-13, genannt werden, eingehen. Nach meiner Zählung werden hier 28 verschiedene Artikel aufgezählt. Diese Dinge sind alle wunderbar geschaffen, auch die Menschen natürlich, die verkauft werden, sind wunderbar geschaffen. Es sind gute Gaben Gottes, die da genannt werden. Sie werden nur von der Hure pervertiert, indem rücksichtsloser Mammongeist herrscht, indem die Reichen immer reicher, die Mächtigen immer mächtiger und die anderen Menschen immer ärmer werden. Die Bevölkerung wird rücksichtslos ausgebeutet. Es ist für die antichristliche Diktatur kennzeichnend, dass sie ein Machtsystem darstellt, bei dem die Gefolgsleute sehr viel Geld und Einfluss bekommen. Und die Hure, die falsche

Religion und Kirche, arbeitet ihnen zu. Es ist eine Kirche der Mächtigen, nicht der Sünder, die der HERR Jesus retten will. Bei diesen 28 Artikeln finden wir vier aus dem Bereich des Schmucks, vier prächtige Kleidungsstoffe, sechs Baustoffe, vier Duftstoffe und Kosmetika, vier Nahrungsmittel und sechs Lebendwaren inklusive Menschenleiber und -seelen. Die Hure bindet Menschenseelen an sich, vielleicht sogar durch Hypnose und was auch immer. Da mag man spekulieren. Vielleicht macht sie es auch durch unbiblische sakramentale Handlungen, bei denen Menschen von gewissen religiösen Systemen abhängig gemacht werden. Wenn sie nicht regelmäßig die Hostie empfangen, können sie nicht wirklich in das Himmelreich eingehen - so wird es ihnen eingeredet. Die Hure sorgt für Abhängigkeit von Menschen von geweihten Priestern. Wenn diese einem die Sakramente nicht zuteilen, kann man angeblich nicht zum Leib Christi gehören. Gemäß römisch-katholischer Kirchenlehre ist man nur dann Glied am „mystischen Leib des Christus" in Gestalt der katholischen Kirche, wenn man durch geweihte Priester die Sakramente empfängt. Alle anderen stehen angeblich außerhalb, sie sind nicht richtig an diesen Leib angebunden, wenn sie nicht die sakramentale Fülle empfangen, die nur der Papst über seine Unterstufen (Kardinäle, Erzbischöfe, Bischöfe bis hinunter zu den Priestern) vermittelt. Das ist katholische Lehre. Menschen, Menschenseelen werden auch durch falsche Lehren gebunden. Es geschieht bei vielen Sekten, dass Menschen durch sektiererische Lehren versklavt werden. Es gibt sektiererische Führer, die sagen: „Nur bei mir findest du die Fülle des Heils." Auch die Neuapostolischen vertreten eine ähnliche Lehre. Nur wenn man durch einen lebenden Apostel versiegelt wurde, hat man den Heiligen Geist empfangen, wird behauptet. Und darum versiegeln sie sogar Tote und taufen Tote, indem sie stellvertretend ihren Leib als Hülle darbieten. Solches findet sich in ähnlicher Weise bei den Mormonen. Hierbei handelt es sich aber um spiritistische Handlungen.

Halten wir uns von solch finsteren Dingen fern! Bei den Neuapostolischen gibt es Entschlafenengottesdienste. Die Entschlafenen sind dann in Gestalt der Priester und Apostel gegenwärtig. Das sind ganz unheimliche Dinge. Ich würde davor warnen, daran überhaupt teilzunehmen. Von außen sieht alles fein und ordentlich aus. Ich verurteile und kritisiere nicht den einzelnen Menschen. Aber Lehren, die von der Bibel so deutlich abweichen, müssen wir auch deutlich kritisch darstellen. So werden also Menschenseelen gebunden durch unbiblische Lehren, Praktiken und Handlungen.

8. Die Hure hat die Gläubigen verfolgt und getötet. Sie tat das - und tut das noch vermehrt, wenn sie in der nächsten Zeit erst richtig ausreift. Dies wird in Offenbarung 18,24 genannt. Hier findet sich ein Hinweis auf das Blut der Propheten und Heiligen, das in ihr gefunden wurde. Gott, der HERR hält ihr dies am Schluss als Anklageschrift vor, um Sein Urteil zu bekräftigen und abzuschließen. „Du hast die Heiligen getötet. Nun wird ihr Blut von dir in doppeltem Maß gefordert."
9. Und dabei ging es fröhlich in ihr zu mit viel Musik und Tamtam. Das wird auch in Offenbarung 18 gesagt, allerdings schon im Zusammenhang mit dem Gericht. Da heißt es in Vers 22: **„Und der Klang der Harfenspieler und Sänger und Flötenspieler und Trompeter wird nicht mehr in dir gehört werden, und kein Künstler irgendeiner Kunst wird mehr in dir gefunden werden, und der Klang der Mühle soll nicht mehr in dir gehört werden."**

   Hier finden wir ein erschütterndes prophetisches Bild für die Unterhaltungsindustrie, die in dieser Hure Babylon herrscht. Sie bringt wunderbare Musik hervor, und gleichzeitig verfolgt sie die Gläubigen. Sie fabriziert Staunen erregende Kunstwerke, und gleichzeitig zerstört sie das größte Werk Gottes, den Menschen, der den Heiligen Geist empfangen hat und der Jesus nachfolgen will, indem sie ihn verfolgt. Sie zeigt äußeren Pomp, stinkt aber vor innerer Fäulnis. Dies klingt ge-

radezu paradox. Fröhlichkeit wird vorgetäuscht, und gleichzeitig übt sie Christenverfolgung aus. Solches geschieht alles unter dem Deckmantel der Religion und es ist schlimm, grausam und abstoßend. Lassen wir uns davor warnen!

10. Die Hure hat Drogen und Zauberei gebraucht (Offenbarung 18,23). Hier kommt der Begriff Zauberei oder „pharmakia" vor. **„Durch deine Zauberei wurden alle Völker verführt"**, heißt es da. Dies ist ein Begriff, der auch für „Drogen" steht, für rauschhafte Zustände, Trunkenheit, die Betäubung der Massen, Trance und Ekstase, Rockmusik und Psychedelik, die okkulte und

die sexuelle Welle. Alles das wird gebraucht, um die Menschen zu benebeln, um ihr klares Denken, ihr Unterscheidungsvermögen auszuschalten und sie zu einer einheitlichen Masse, die dem Antichristen „Heil“ zuruft, zu verschmelzen.

Diese Kennzeichen wurden hier aus dem langen Kapitel in Kürze zusammengefasst.

B. Das Gericht über Babylon

Dies ist ja das Hauptthema des Kapitels 18: der Sieg des HERRN Jesus über Babylon. Bevor ich darauf eingehe, möchte ich noch aus dem Alten Testament aus drei Propheten kurz einige Paralleltexte oder Vorschattungen dazu betrachten, und zwar aus den Propheten Jesaja, Jeremia und Hesekiel. In Jesaja und Jeremia sowie auch bei anderen Propheten wird von vielen Völkern geschrieben, die aufsteigen und absteigen, die sich über Israel erheben und dann selbst zu Fall kommen. Das Gericht des HERRN lässt nicht lange auf sich warten.

Babylons Fall beim Propheten Jesaja

So ist auch in Jesaja das Kapitel 47 überschrieben mit „Babylons Fall“. Es ist sicherlich der Fall des antiken Babylon gemeint, das ja Israel in Gestalt des Königs Nebukadnezar erobert hatte und dann in einer Nacht im Jahre 539 v. Chr. selbst zu Fall kam. Damals stand das Medoperser-Heer aus dem Norden plötzlich vor Babel, und der Gesang des Belsazar und seiner berauschten Anhänger verstummte mit einem Moment, als nämlich die Feinde eindrangen und alles verloren war.

Jesaja 47,5: **Setze dich schweigend hin und geh in die Finsternis, du Tochter der Chaldäer** (das sind die Babylonier)! **Denn man wird dich nicht mehr Beherrscherin der Königreiche nennen.**

Jesaja 47,7–9: **Du hast gedacht: „Ich werde ewiglich Gebieterin sein!“ und hast dir dies nicht zu Herzen genommen und**

nicht bedacht, was danach kommen würde. Nun aber höre, du Üppige, die sorglos thront, die in ihrem Herzen spricht: „Ich bin's und sonst niemand. Ich werde nicht als Witwe dasitzen (Kommt uns das bekannt vor? So taucht es in Offenbarung 18,7, im endzeitlichen Babel wieder auf!) **noch erleben, wie mir die Kinder geraubt werden!" Dennoch wird dir beides begegnen in einem Augenblick an einem Tag. Die Kinder werden dir geraubt, und Witwe wirst du sein. Mit großer Macht werden sie über dich kommen, trotz der Mengen deiner Zaubereien** (Hier finden wir wieder die Zaubereien) **und der großen Anzahl deiner Beschwörungen."**

Übrigens wird einige Verse weiter ausdrücklich die Astrologie verurteilt, die sie betrieben hat. Das ist für manchen interessant, der immer noch das Horoskop liest. Es heißt hier in Jesaja 47,12–14: **„Tritt doch auf mit deinen Beschwörungen und mit der Menge deiner Zaubereien, mit denen du dich abgemüht hast von Jugend auf! Vielleicht vermagst du zu helfen, vielleicht kannst du Schrecken einflößen. Du bist müde geworden von der Menge deiner Beratungen. So lass sie doch herzutreten und dich retten, die den Himmel einteilen, die Sternseher** (die Astrologen), **die jeden Neumond ankündigen, was über dich kommen soll! Siehe, sie sind geworden wie Stoppeln, die das Feuer verbrannt hat! Sie werden ihre Seele nicht vor der Gewalt der Flammen erretten, denn es wird keine Kohlenglut sein, an der man sich wärmen, und kein Ofen, an dem man sitzen könnte."**

So sind die Astrologen: wie Stoppeln, die das Feuer verbrennt. Sie geben keine Wärme, kein Heil, sondern es findet sich bei ihnen nur Betrug.

Die Flucht aus Babel beim Propheten Jeremia

Genauso lesen wir in Jeremia Kapitel 51,6: **Flieht hinaus aus Babel** (Damals fand sich dieser Aufruf schon! Damals war es das alte Babel, es wurde aber auch schon typologisch und symbolisch für das Endzeit-Babylon gebraucht) **und rette jeder seine Seele, damit ihr nicht umkommt in seiner Missetat!**

Denn das ist die Zeit der Rache des HERRN; Er bezahlt ihm, was es verdient hat.

Danach begegnet uns ein bekanntes Bild aus Offenbarung 17 in Jeremia 51,7: **Babel war ein goldener Becher in der Hand des HERRN.** Wir haben von der Hure gehört, die selbst einen goldenen Becher trägt, die sich selbst zum Gott machen will mit dem Gräuel ihrer Hurerei. Dieser goldene Becher ist verschmutzt. Babel war der Becher, und die Hure trägt jetzt selbst diesen Becher. Sie hat sich an die Stelle Gottes gesetzt.

Jeremia 51,7-8: **... der Becher, der die ganze Welt trunken machte. Die Völker haben von seinem Wein getrunken, darum sind die Völker rasend geworden. Babel ist plötzlich gefallen und zertrümmert worden. Heult über es! Bringt Balsam für seine Wunden! Vielleicht kann es noch geheilt werden.** Wie gnädig ist Gott! Vielleicht ist es an dieser Stelle ironisch gemeint, aber ich denke, es besteht immer noch ein Funke Barmherzigkeit Gottes, der hier aufflammt: „Kehrt noch um!" Es ist immer noch Gnadenzeit. Das gilt für jeden, der noch kein Kind Gottes ist. Solange man hier auf Erden lebt und atmen kann, ist immer noch Gnadenzeit. Das Leben kann manchmal schneller vorbei sein als man denkt. Auch Babel galt dieser Zuruf.

Jeremia 51,9: **Wir haben Babel heilen wollen, aber es ist nicht gesund geworden. Verlasst es und lasst uns jeder in sein Land ziehen, denn sein Gericht reicht bis zum Himmel und steigt bis zu den Wolken empor!** Auch in Offenbarung 18 reichen die Sünden Babels bis zum Himmel. Hier wird dies wieder aufgegriffen.

Babylons Handel und Sturz beim Propheten Hesekiel

Damit wir erkennen, dass Babel im Alten Bund ein Typus ist, eine Vorschattung des endzeitlichen Babels, wollen wir noch einige Verse aus Hesekiel 27 lesen. Dort finden wir auch ein Klagelied, aber diesmal über Tyrus. Aber in diesem Klagelied kommt interessanterweise genau die Warenliste vor, wie sie sich in Offenbarung 18 findet. Denn Tyrus war eine unbeschreiblich einflussreiche Handelsmacht, direkt am Mittelmeer gelegen. Dort lebten die Phönizier mit ihren wunderbaren Schiffen. Und auch sie sind gefallen. Der König von Tyrus wird sogar mit dem leuchtenden Cherub im Paradies verglichen, mit dem gefallenen Lichtengel Luzifer in Hesekiel 28.

Hesekiel 28,14: **Du warst ein gesalbter, schützender Cherub. Ich hatte dich dazu eingesetzt. Du warst auf dem heiligen Berg Gottes, und du wandeltest mitten unter den feurigen Steinen.**

Die feurigen Steine sind die Engel. Aber der gesalbte Cherub ist abgefallen, er wollte selbst wie Gott sein.

Und nun ein paar Stellen aus dem Klagelied über Tyrus: Hesekiel 27,12: **Tarsis hat mit dir Handel getrieben mit einer Menge von allerlei Gütern, mit Silber, Eisen, Zinn und Blei hat es deine Waren bezahlt. Jawan, Tubal und Meschech sind deine Kunden gewesen; mit Menschenseelen und ehernen Geräten haben sie Tauschhandel mit dir getrieben.**

Hier hören wir wieder von Menschenseelen. Babel ist überall. Das zeigt uns, dass Babel nicht nur im antiken Babylon vorhanden war, sondern Babel ist auch heute in allen heidnischen Völkern und in allem Heidentum und in der Vermischung mit dem Heidentum, auch in allen Gemeinden, in denen der Weltgeist eingedrungen ist, gegenwärtig. Das ist auch Babel. Deshalb fand sich Babel - symbolisch verstanden - damals auch in Tyrus.

Sodann werden weitere Handelsbeziehungen aufgezählt. Die Schiffsleute trauern über das antike Tyrus. Dies wird ausführlich beschrieben. Hesekiel 27,30: **Sie werden deinetwegen ihre Stimme erheben und bitterlich schreien; sie werden Staub auf ihre Häupter werfen und sich in Asche wälzen.** Auch dies ist eine Vorschattung auf Offenbarung 18.

Wir sehen daran, dass die Bibel eine wunderbare Einheit von durch Gottes Geist inspiriertem Wort darstellt, und wir staunen immer wieder, wie wir Zusammenhänge erkennen dürfen.

Die doppelte Strafe für Babylon

Dies waren einige Zitate aus dem Alten Testament. Nun möchte ich noch einmal auf Offenbarung 18 direkt zurückkommen, auf den Fall Babylons.

Offenbarung 18,6: **Vergeltet ihr, wie auch sie euch vergolten hat, und zahlt ihr das Doppelte heim gemäß ihren Werken! In den Becher, in den sie euch eingeschenkt hat, schenkt ihr doppelt ein!**

Warum das Doppelte, fragt man sich - ist das nicht ungerecht? Nein, es ist nicht ungerecht, weil Babel, die Kirchen, eine große Verantwortung für die Menschenseelen haben. Die Lehrer werden ein besonderes Urteil von Gott empfangen, heißt es beim Propheten Daniel, weil sie eine große Verantwortung tragen. Ich bete persönlich immer wieder darum, dass der HERR mich vor Irrlehren bewahren möge, damit ich nichts Falsches verkündige. Ich weiß, dass unser aller Erkenntnis Stückwerk ist. Und doch soll dies unser Gebet sein, dass wir nichts Falsches lehren und tun sollen, dass wir Reinigung beanspruchen dürfen beim HERRN.

Aber Babel hat bewusst den Kelch des Unflats ausgeleert und in diese Welt hineingegossen und Irrlehren über Irrlehren und Sünden über Sünden ausgebreitet. Es ist kein Zufall, dass es in etlichen Kirchen und Freikirchen so aussieht, wie es heute ist. Es werden Verhaltensweisen und Praktiken gesegnet, die Gott ein Gräuel sind. So weit ist es ja schon. Es sind unvorstellbare Dinge, die da geschehen! Es sind Lehren in Kirchen eingekehrt, die man nur als Lehren von Dämonen bezeichnen kann. Ich habe bereits die feministische Lehre erwähnt, bei der das Menstruationsblut der Frau mehr Heilskraft enthalte als das Blut Jesu. Das sind Dinge, die wir gar nicht in den Mund nehmen wollen. Aber all das wird weithin geduldet und immer mehr ausgebreitet.

Der Krebsschaden der Bibelkritik

Die Grundlage dafür ist die Bibelkritik. Mit dieser hat der Teufel schon seit Jahrhunderten, ja sogar seit dem Sündenfall angesetzt: **„Sollte Gott gesagt haben?“.** Diese lügenhafte Frage der Schlange geht bis heute weiter in die Katheder und auf die Kanzeln vieler Kirchen. **„Sollte Gott gesagt haben?“** Das ist der methodische Zweifel, das ist „der methodische Atheismus“, wie ihn der Theologe und Bibelausleger Adolf Schlatter einmal bezeichnet und abgelehnt hat (obwohl auch er leider noch einige Eierschalen der Bibelkritik mit sich geschleppt hat). Wie viele junge Christen sind an den Hochschulen verdorben worden! Deshalb tragen die Kirchen, die Freikirchen, die Glaubensgemeinschaften, alle Ausbildungsstätten eine besondere Verantwortung.

Wie tragisch, dass heute immer mehr die Bibelkritik auch in evangelikale Ausbildungsstätten einbricht! Immer mehr evangelikale Akademien und Bibelschulen erstreben und erlangen die Anerkennung durch den Staat. Aber um welchen Preis? Die Chicago-Erklärung, die an der Irrtumslosigkeit der Bibel in allen Fragen festhält, gilt nicht mehr als verbindliche Grundlage. In der Chicago-Erklärung zur biblischen Irrtumslosigkeit wurde und wird glasklar die Irrtumslosigkeit der Heiligen Schrift nicht nur in Glaubens- und Lebensfragen, sondern auch im naturwissenschaftlichen, historischem und geografischem Bereich verkündet. Dies bezieht sich z.B. auch auf die Schöpfung (in dem Zeitraum, wie die Bibel ihn beschreibt), die Sündflut, die Entstehung der Bibelbücher durch die Autoren, die in der Bibel selber als deren Verfasser genannt sind (die fünf Mosebücher von Mose, das Buch Daniel vom Propheten Daniel, die Petrusbriefe vom Apostel Petrus usw.) Aber dies gilt jetzt nicht mehr als absolut verbindlich. Man schloss Kompromisse mit der Welt, worüber wir nur sagen können, dass wir darüber traurig sind. Und wir beten für die Verantwortlichen, dass sie noch umkehren von ihrem Irrweg.

Deshalb geschieht die Vervielfachung der Strafe Babylons, weil die Lehrer und die kirchlichen Kreise eine besondere Verantwortung für die Gemeinden haben. Und wenn sie an einer Menschenseele schuldig werden, haben sie schon eine doppelte Schuld auf sich geladen: eine Schuld für sich selbst und eine für den anderen. Je höher jemand in der Hierarchie (Stufenleiter) der Kirche aufgestiegen ist, umso mehr Verantwortung trägt er. Ich beneide keinen, der sich Bischof nennt. Es gibt, meines Erachtens, laut Bibel keine Bischöfe, wie man sie landläufig sieht, sondern nur Älteste über Gemeinden, aber nicht solche hierarchischen Strukturen, wie man sie heute in manchen Kirchen beobachtet. Diese finden sich in der Bibel nicht. Wenn jemand solche Posten beansprucht, trägt er eine große Verantwortung. Es gibt eine Vervielfachung der Saat, die zur Ernte führt. Galater 6,7: **Irrt euch nicht, Gott lässt sich nicht verspotten! Denn was der Mensch sät, das wird er auch ernten.** Hosea 8,7: **Ja, Wind säen sie, und Sturm ernten sie!**

Drei Totenklagen über Babylon

Nun hören wir drei Totenklagen der ehemaligen Verbündeten Babels im Rahmen des Gerichts über Babylon:

- **Die Totenklage der Könige** (Offenbarung 18,9-10): Diese haben Babylon zusammen mit dem Antichristen benutzt, um mächtig, reich und einflussreich zu werden. Sie wollten religiöse Unterstützung für ihre Machtpolitik, für ihre Eroberungspolitik finden. Aber dann haben sie Babel fallen gelassen. Dazu wurden sie vom Antichristen beauftragt. Dies geschah aber auch unter der Zulassung Gottes, damit Gottes Plan ausgeführt wurde. Der Antichrist ist nur ein Affe an der Leine Gottes. Das ist vielleicht schwer zu verstehen. Aber wir wissen, dass Gott im Regiment sitzt. Er lässt dies zu einer letzten Prüfung der Menschheit zu. Ja, die Hure wird fallen gelassen; vielleicht durch Verrat, was in solchen Kreisen üblich ist, wo es um Macht und Einfluss geht. Da herrscht oftmals der Verrat. Jetzt sind sie selbst schockiert, wie schnell und tief der Fall Babels erfolgt ist. **„Wehe, wehe!“**, rufen sie, **„in einer Stunde ist dein Gericht gekommen!“**

Sie stehen ferne. Jetzt distanzieren sie sich plötzlich von dieser falschen Religion. Sie merken, dass es sie selbst ebenfalls schnell treffen kann. Und es wird sie auch schnell treffen. In Daniel 5,30 steht geschrieben, dass das alte Babel an **einem** Tag fiel. Und das neue Babel wird genauso fallen.

- **Die Totenklage der Kaufleute** (Offenbarung 18,11-16): Interessanterweise umfasst diese Klage die meisten Verse. Es sind sechs Verse, bei den Königen waren es nur zwei, bei den Schiffsleuten sind es drei Verse. Bei den Kaufleuten saß wohl das Herz dieser Hure: reich zu sein, Reichtum auszuteilen und zu sammeln. Es waren überwiegend Luxusartikel, die genannt wurden. Und wie steht es heute um den wirtschaftlichen Reichtum? Ich habe vor etlichen Jahren öffentlich gesagt, dass man nicht auf wirtschaftlichen Segen hoffen kann, wenn man die Gebote Gottes so mit Füßen tritt, wie es in unserem Volk geschieht. Und man hat in Deutschland interessanterweise als ersten Feiertag den Buß- und Bettag abgeschafft. Keine Buße mehr und kein Gebet mehr – das ist die symbolische Bedeutung der Abschaffung dieses Feiertags. Wie kann man da, wenn man nicht mehr zur Buße und zum Gebet bereit ist, auf wirtschaftlichen Segen hoffen? Jetzt erleben wir die Früchte. Es ist nicht nur die Fehlwirtschaft, sondern es ist vor allem die Sünde der Menschen, die uns die heutigen Krisen beschert. Auf der anderen Seite müssen wir sehen, dass jede Weltwirtschafts- und Finanzkrise die Voraussetzung zur Entstehung von Diktaturen ist. Diese begünstigt z.B. die Entstehung der Diktatur Europa, die sich immer mehr abzeichnet. Ich habe die EU-Verfassung (jetzt „Reformvertrag“) analysiert und bin von einem Schock in den anderen gefallen. Es ist ganz klar, dass der Name Gottes nicht in der Europäischen Verfassung vorkommt, nur die religiösen Werte Europas. Und Religion ist alles außer dem christlichen Glauben. Denn der christliche Glaube ist keine Religion (kein Selbsterlösungsstreben des Menschen), sondern er beruht auf der freien Offenbarung und Gnade des lebendigen Gottes. Also kommt der christliche Glaube gar nicht vor im neuen Europa, im vierten Weltreich nach Daniel 2 und 7. Ist uns das bewusst? Die Kirchen kommen in der EU-Verfassung vor. Aber darin heißt es lediglich, dass sie „geachtet" werden. Für biblische Werte wird nicht gekämpft, dagegen werden „Diskriminierungen" von unbiblisch lebenden Menschen (z.B. Homosexuellen) bekämpft. Das sind nur zwei Beispiele aus dieser neuen Verfassung. Es wird mit zweierlei Maß gemessen.

- **Die Totenklage der Schiffsleute, der Seefahrer:** Die Beweglichkeit (Mobilität) ist wichtig beim Handel. Erich Brüning hat einmal diese Stelle so gedeutet, dass es heute vielleicht nicht mehr irdische Schiffe sind, sondern vielleicht auch Aktienschiffe, der DAX und der NEMAX, die ja über Internet und Telekommunikationsmittel in rasanter Weise vermittelt werden können. Es kann durch gewisse Manipulationen auf dem Aktien- und Wirtschaftssektor in einer Stunde die ganze Weltwirtschaft zu Boden gerissen werden. So weit sind wir durch diese neuen Handelsmöglichkeiten schon „fortgeschritten". Ein sichtbares Symbol des plötzlichen Niedergangs Babels war der 11. September 2001. Dabei handelte es sich gewiss nur um eine Vorschattung,

aber eine sehr augenfällige. Man musste den rasanten Zusammenbruch der zwei New Yorker Zwillingstürme über den Bildschirm miterleben. In kürzester Zeit sanken die Symbole der Weltwirtschaft, - denn darum ging es schließlich - in Trümmer zusammen. **„Gefallen, gefallen ist Babylon"** - es heißt hier zwei Mal „gefallen", das heißt, es ist total gefallen. Die religiöse Seite und die wirtschaftliche Seite Babylons sind gefallen. Deshalb steht hier zwei Mal das Wort: „gefallen". Dies kennzeichnet die Totalität ihres Falls. Und heute erleben wir ja die zunehmende Teuerung. Es ist keine Lösung, wenn man immer mehr Geld nachdruckt. Solches führt noch schneller zur Katastrophe. Aber man hat sich schon so tief in die Krise hineinmanövriert, dass es menschlich gesehen kaum noch einen Ausweg gibt, außer wenn ein starker Mann auftritt. Doch der HERR sitzt im Regiment. Er kann, wenn Er noch Gnadenzeit schenken sollte, diese Krise lösen helfen und Menschen erleuchten, die noch wirkliche Rezepte zur Heilung finden. Aber grundsätzlich gilt: Weltwirtschaftskrisen waren immer schon Grundlagen zur Entstehung von Diktaturen.

Gott rächt gerecht

Offenbarung 18,20: **„Freut euch über sie, du Himmel und ihr heiligen Apostel und Propheten! Denn Gott hat euch an ihr gerächt."** Das ist der „Lichtvers" in diesem Kapitel 18. Ihn wollen wir nicht übersehen. Er liefert den absoluten Kontrast zu den Totenklagen der ehemaligen Verbündeten der nun gefallenen Babelreligion. Dieser Kontrast ist die Freude der Erlösten, die Freude der Märtyrer, die durch Babel umgebracht wurden.

Hier werden die Apostel genannt. Aufgrund der frühchristlichen Überlieferung geht man davon aus, dass von den 12 Aposteln der Urgemeinde - außer Johannes, dem längst lebenden Apostel - wohl alle anderen den Märtyrertod gestorben sind. Die Zwölf repräsentierten den engsten Kreis der Apostel.

Es gab aber weitere Apostel über diesen engeren Kreis hinaus. Paulus wurde als letzter berufen als eine „unzeitige Geburt" (1. Korinther 15). Danach wurde kein Apostel mehr berufen, weil die Apostelgeschichte durch ihn abgeschlossen wurde. Deshalb sind alle heutigen Apostel falsche Apostel. Es gab im 2. Jahrhundert keine Apostel mehr, bis dann im 19. Jahrhundert falsche Propheten auftraten und sich selbst gegenseitig zu Aposteln eingesetzt haben. Sie bilden bis heute unterschiedliche Apostelsekten.

Jedenfalls dürfen sich die wirklichen Apostel und Propheten Jesu Christi jetzt freuen. Sie konnten, durften und sollten sich nicht selbst rächen, denn der HERR spricht: **„Mein ist die Rache".** Das wollen wir immer unterscheiden. Nicht der Mensch wird zur Rache aufgerufen, sondern der HERR schafft gerechtes Gericht, absolut gerecht. Da können wir nichts daran rütteln, nichts davon wegnehmen und nichts hinzufügen. Gott richtet nach dem Maß, das der Mensch verdient hat. Wohl dem, der das Blut Jesu Christi, des Lammes, angenommen hat, damit nicht sein Blut gefordert wird! Wenn wir durch das Blut Jesu Christi Reinigung von unseren Sünden erlangt haben, wird uns Gottes Gericht nicht treffen. Dann sind wir erkauft durch das Blut des Lammes. Für diejenigen, die das Heil in Christus nicht ergriffen haben, und für die babylonische Religion bricht dann das Gericht in totaler Weise los.

Offenbarung 18,21: **Und ein starker Engel hob einen Stein auf wie ein großer Mühlstein und warf ihn ins Meer und sprach: "So wird Babylon, die große Stadt mit Wucht hingeschleudert und nicht mehr gefunden werden."** Dieser Stein ist so schwer, dass er auf den tiefsten Meeresgrund sinkt und niemals mehr auftauchen wird. Die falsche Religion ist dann zu Ende. Im Tausendjährigen Reich wird sie nicht mehr auftauchen, in der Ewigkeit schon gar nicht. Und sie wird uns auch nicht mehr verführen. Nur wenn Satan nach dem Tausendjährigen Reich noch einmal im Aufruhr von Gog und Magog losgelassen wird, wird noch einmal eine kurze letzte Zwischenepisode erfolgen. Aber dann wird in der Ewigkeit nichts Unreines im neuen himmlischen Jerusalem Zugang haben.

C. Das Verhalten der wahren Gläubigen und der wahren Gemeinde

Geht hinaus aus Babel!

Wir stellen fest: Babylon geht mitten durch die Gemeinden und mitten durch die Herzen hindurch. Wir können nicht sagen, dass Babylon nur in Rom ist. Rom ist sicherlich das Zentrum und die römisch-katholische Religion ein wichtiger Kernbereich Babylons. Aber Babylon umfasst alle falsche Religion auf Erden, auch bei Protestanten, Orthodoxen, Anglikanern, Methodisten, Mennoniten, Baptisten und wie sie alle heißen. Babylon kennzeichnet jede falsche Religion, die nicht auf die Offenbarung und Gnade des lebendigen Gottes allein vertraut, sondern sich eigene Götzenbilder und Vorstellungen über den Erlösungsweg erschafft. Ich werde gleich noch an einigen wichtigen Eckpunkten die Unterschiede zwischen Brautgemeinde und Hure Babylon aufzeigen. Zunächst hören wir jedoch den Ruf: **„Gehet aus, damit ihr euch nicht teilhaftig machet ihrer Sünden!"** Dies ist ganz entscheidend:

- Abraham ging aus Haran
- Lot ging aus Sodom
- Israel ging aus Ägypten

heraus. Dies waren konkrete Städte und Länder und zugleich auch Sinnbilder der Sünde und dämonischen Knechtschaft. Von dort sind die Glaubensmänner vom HERRN herausgerufen worden. Und die Gemeinde Gottes der Gläubigen soll aus dem Babel der Endzeit herausgehen. Wenn wir merken, dass eine Gemeinde oder eine Kirche nicht mehr reformierbar ist, sollen wir sie verlassen. Wir sollen zwar auftreten, solange es noch eine Hoffnung gibt, dass Umkehr geschieht und dass man auf Gottes Wort hört. Aber wenn man nicht mehr bereit ist, auf Gottes Wort und die warnende Stimme der Boten Gottes zu hören, dann ist es an der Zeit zu fragen: „Habe ich da noch meinen Platz? Verpulvere ich nicht meine Energie, wo ich doch nichts mehr ändern kann? Sollte ich mich nicht lieber mit anderen wirklich Gläubigen versammeln, die es sicherlich auch in jeder Gegend gibt?" Ja, es gibt viele, die versprengt sind, die keine Heimat mehr in ihren Gemeinden finden und merken, dass bei ihnen

- der Zeitgeist Überhand gewonnen hat;
- nicht mehr geistliche Musik gemacht wird, sondern fleischliche
- okkulte Praktiken stattfinden, die z.B. dazu führen, dass Menschen nach Handauflegung im Trancezustand nach hinten umfallen. (Laut Jesaja 28,13 handelt es sich dabei um ein Zeichen des Gerichts.)
- mystische Elemente eingeführt werden (Da wird z.B. plötzlich der Rosenkranz gebetet und Weihrauch versprüht, und es werden Priestergewänder getragen.)

Das sind alles gefährliche Dinge. Und da sollten wir wachsam sein. Ich könnte noch viele weitere Beispiele nennen. Prüfen wir diese Dinge, ob sie vom Geist Gottes sind oder nicht! Prüfen wir die Geister, denn es sind viele falsche Propheten in die Welt ausgegangen (1. Johannesbrief 4,1). Wenn es nicht mehr anders geht, müssen wir die falschen Religionssysteme verlassen.

Brautgemeinde contra Babylon

Hier nun eine Gegenüberstellung darüber, was die Heilige Schrift über den Unterschied zwischen Brautgemeinde Jesu Christi und Hure Babylon sagt.

Die Gemeinde ist die Braut. - Die Hure ist die von Gott abgefallene Kirche, die nichts mehr mit Seiner Wahrheit zu tun hat.

Die Gemeinde ist Jesus Christus untertan. - Die Hure aber sitzt auf dem Tier, dem Antichristen (Offenbarung 17,3)

Die Gemeinde hat ihre Verheißung im neuen himmlischen Jerusalem. - Die Hure ist das große Babylon, das untergehen wird.

Die Gemeinde ist ein Organismus, etwas Lebendiges, durch Gottes Geist geprägt und belebt.- Die Hure dagegen ist eine Weltorganisation, die durch Druck, Zwang und falsche Religiosität aufgebaut wird. Sie wird von Menschen organisiert und ist nicht von Gottes Geist lebendig gestaltet.

Die Gemeinde ist arm. - Die Hure schmückt sich mit kostbarsten Gewändern. Sie will äußerlich etwas scheinen und gelten.

Die Gemeinde geht durch irdische Niedrigkeit, Verachtung und Verfolgung hindurch zur himmlischen Herrlichkeit. - Die Hure ist auf Geld und Macht aus. Sie ist äußerlich prachtvoll, aber innerlich tot. In ihr finden sich Fäulnis und Moder.

Die Gemeinde passt sich nicht dem Zeitgeist an, sondern ist Salz und Licht der Welt. – Die Hure stellt sich der Welt gleich und vertauscht Gottes Geist mit dem Zeitgeist.

Die Gemeinde hält Jesus Christus als dem einzigen HERRN und Erlöser die Treue und lehnt jede Religionsvermischung ab. – Die Hure betreibt Hurerei, das heißt, sie setzt heidnische Götzen mit dem Gott der Bibel gleich und vermischt die Religionen und Ideologien.

Die Gemeinde setzt sich aus Gläubigen in allen Denominationen zusammen, die nur Gott wirklich kennt. (Der Mensch sieht, was vor Augen ist; der HERR sieht das Herz an; 1. Samuel 16,7). – Die Hure bringt die wahrhaft Gläubigen innerhalb der Denominationen, aber auch die, die schon außerhalb sind, zunehmend in Bedrängnis. Sie werden als Sektierer, als Fundamentalisten und ähnliches an den Pranger gestellt.

Die Gemeinde fällt nicht auf falsche Zeichen und Wunder herein, die in der Endzeit besonders zunehmen (Matthäus 24,24). – Die Hure lenkt durch falsche Zeichen und Wunder von den rettenden Wunden Jesu ab (2. Thessalonicher 2,9 und Offenbarung 13,13). In Verbindung mit dem falschen Propheten wird sie den Leuten eine Gaukelzauberkomödie vorführen. Prüfen wir gerade auch solche Dinge!

Die Gemeinde wartet auf Jesu Wiederkunft. Sie bereitet Jesus Christus den Weg, indem sie viele in Seine Nachfolge ruft. – Die Hure, die falsche Religion, bereitet dem Antichristen den Weg, der sie zunächst für sein religiöses Gaukelwerk missbraucht, um sie anschließend fallen zu lassen.

In dieser Situation stehen wir zusehends. Wir merken, wie sich der babylonische Sauerteig ausbreitet. Deshalb müssen wir wachsam sein, damit wir nicht in den Sog der Vermischung hineingezogen werden! Prüfen wir also, wo wir stehen, wo unsere Gemeinde steht und ziehen wir die Konsequenzen! Amen.

Reihe Offenbarung im Samenkorn-Verlag

Verfasser: Dr. Lothar Gassmann

Band 1: Die sieben Sendschreiben. Was der Geist den Gemeinden sagt (Offenbarung 1–3)

Band 2: Die sieben Siegel. Ouvertüre zum Finale (Offenbarung 4–7)

Band 3: Die sieben Posaunen und die zwei Zeugen Gottes (Offenbarung 8–11)

Band 4: Der Antichrist und sein falscher Prophet (Offenbarung 12–13)

Band 5: Die Hure Babylon und die Schalen des Zorns (Offenbarung 14–18)

Band 6: Das Tausendjährige Reich. Jesus Christus herrscht als Sieger (Offenbarung 19–20)

Band 7: Die himmlische Herrlichkeit und die Vollendung der Gläubigen (Offenbarung 21–22)

Lothar Gassmann

Die sieben Sendschreiben
Was der Geist
den Gemeinden sagt

Die sieben Sendschreiben sind das Vermächtnis Jesu Christi an Seine Gemeinde. Ihr Inhalt ist hochaktuell: Rückkehr zur ersten Liebe, Warnung vor Verführung, Aufwachen aus geistlichem Tod und Lauheit, Treue zum Herrn. Ein aufrüttelnder Bußruf, ausgelegt für unsere Zeit!

ISBN 978-3-936894-79-0

Lothar Gassmann

Die sieben Siegel
Ouvertüre zum Finale

Nur das Lamm ist würdig, das Buch mit den sieben Siegeln zu öffnen. Damit beginnt das Finale der Weltgeschichte. Doch inmitten der Gerichte und Katastrophen halten die 144.000 Versiegelten aus Israel und die große Schar aus den Nationen Jesus die Treue.

ISBN 978-3-936894-80-6

Lothar Gassmann

Die sieben Posaunen
und die zwei Zeugen Gottes

Hagel und Feuer, mit Blut vermischt, fallen auf die Erde. Kosmische Katastrophen und das Loslassen dämonischer Mächte kennzeichnen die sieben Gerichtsposaunen Gottes. Doch am Höhepunkt der Trübsalszeit treten zwei gewaltige Zeugen auf. Das Geheimnis der Gemeinde, die Entrückung, wird vollendet.

ISBN 978-3-936894-81-7

Lothar Gassmann

Der Antichrist
und sein falscher Prophet

Satan, der Drache, ist wütend, weil er weiß, dass er wenig Zeit hat, um am Ende der Weltgeschichte noch viele zu verderben. Er sendet den Antichristen und seinen falschen Propheten auf die Erde, um sein ökumenisches Einheitsreich zu errichten. Doch die Tage der dämonischen Mächte sind gezählt …

ISBN 978-3-936894-82-0

Lothar Gassmann

Das Tausendjährige Reich
Jesus Christus herrscht
als Sieger

Nachdem der Antichrist und sein falscher Prophet besiegt sind, errichtet Jesus Christus Sein herrliches Tausendjähriges Reich. Dieses Buch bringt den Nachweis, dass dieses eine ernst zu nehmende Wirklichkeit ist, die dem Endgericht und der Neuschöpfung von Himmel und Erde vorausgeht. Eine spannende und bewegende Darstellung!

ISBN 978-3-936894-84-4

Lothar Gassmann

Die himmlische Herrlichkeit
und die Vollendung der Gläubigen

„Und ich sah einen neuen Himmel und eine neue Erde". Dieses Buch vermittelt einen Einblick in die unbeschreiblich schöne himmlische Herrlichkeit und erweckt Freude und Sehnsucht, an dieser teilzuhaben. Überwältigender als die goldenen Gassen und die Perlentore wird aber der Anblick Jesu Christi, des Erlösers, sein …

ISBN 978-3-936894-85-1